大阪の経済・暮らしの再生と中小事業者の役割

宮川　晃

本書の出版によせて

成長モデルとは違った大阪経済再生の道を示唆する

梶　哲教（大阪自治体問題研究所理事長・大阪学院大学法学部准教授）

大阪地域の経済については、停滞していることばかりが強調されます。とりわけ、大阪を代表する有力企業が次々に本社・本店を東京に移したり、他社に買収されて看板を下ろしたりで、東京の方は一極集中が問題視されるほどであるのと比べると、大阪経済の現状はいかにも情けなく感じられます。

その「犯人捜し」から、原因を大阪府と大阪市の「二重行政」によるガバナンスの非効率性に見出し、その解消を図るため両者を一元化することによって、首都東京に並び立ちつつ、ソウル・上海・シンガポールなど近隣諸国の主要都市との競争にも勝ち抜こうとしたのが「大阪都」構想でした。

しかし、大阪府・大阪市を一元化して強力な集権的体制を築き上げることができたとして、大阪経済を再生させるために何をしようというのでしょうか。聞こえてくるところは結局、高度成長期の成功体験を後追いするような大規模開発の計画や、ＩＲ（カジノを含む統合リゾート）誘致や万国博、さらにはＦ１レースといった観光客目当てのイベント開催の事業です。これらは華々しく目立ちはするものの、大阪経済へのプラスの効果が長続きすることは期待できないでしょう。また、大阪で営まれてきた地域の経済や府民の生活とのつながりも全く希薄です。

それに対して、本書で紹介されているのは、決して広く知られてはいなくても、地域に根ざして堅実に営まれている事業所の活動です。そこで追求されているのは、必ずしも規模の拡大ではありません。総じて、自分の利益を最大化すること以上に、地域の中で取引先・顧客・利用者その他周囲の人々と信頼関係を維持することに務め、地域の気候風土の中で自然環境に過大な負担をかけないことにも意を用いています。そうでなければ、事業を安定的に続けていくことは難しいでしょう。

すでに時代は人口減に向かっています。そんな中で、経済成長を目ざすと言いつつ小さくなるパイを奪い合うのではなく、地域の必要に応じ周囲と調和しながら続けられているこのような事業活動を皆で支えることが、大阪経済の安定的な維持を図るための方策として注目されるのです。

本書が地域経済のあり方を考えようとする皆さんにとって繰り返し参照されるべき指針となることを期待します。

事例で示す利潤追求第一主義の経済への対案

柏原　誠（大阪自治体問題研究所『おおさかの住民と自治』編集委員長・大阪経済大学経済学部准教授）

宮川晃さん、ご出版おめでとうございます。この出版が、『おおさかの住民と自治』特集号における、宮川さん担当の連載記事をベースに行われたものであること、大変うれしく思います。

宮川さんは、長年民主商工会の運動に関わってこられ、さらに、ちょうど府市に維新首長が生まれたころに、大阪市大創造都市研究科で学ばれました。地域経済・産業について、現場にも理論にも造詣が深い方として、『おおさかの住民と自治』の編集委員に加わっていただきました。さっそく、地域でユニークな事業を行っている事業者を現場に行って取材し、その特色を余すところなく紹介する連載が始まりました。その連載が始まったときから、「いつかこの連載をまとめて本にしたいとおもてますねん」とおっしゃっていたのです。

そこで取り上げられる地域産業の担い手に共通する特色は、本書のタイトルにも入っている、近江商人いらいの「三方よし」によく表されています。買い手よし、売り手よし、世間よしが、単なる昔はよかったというノスタルジーではなく、宮川さんの連載で取り上げられた事例ではきめ細かく分析されています。特に、世間よしについて、地域経済における雇用の担い手、地域での事業者のネットワーク力、貴重な技術の蓄積と継承、そして、環境への配慮や温暖化の防止といった未来世代への配慮が、いずれの事例にも見られます。

そして、これは株主等ステークホルダーの短期的な利益の最大化にしか関心がない、グローバル資本主義と、それを推し進める維新政治の「成長戦略」へのオルタナティブ（対案）でもあるのです。維新政治との対峙において、経済のあり方は重要な論点であり、機関誌編集において、宮川さんと連載記事の果たした役割は大きなものです。同時に、自治体の役割として、中小企業振興条例の重要性にも言及されています。

地元・八尾市では環境ＮＰＯの活動をされていることもあり、編集会議の議論でも、地域経済のグリーン化の重要性をいち早く指摘され、地球温暖化や再生可能エネルギーに関する特集では、骨格部分を企画提案されるなど、編集にも積極的に関わっていただいています。あらためて、ご出版おめでとうございます。

出版によせて

桑原武志（大阪自治体問題研究所　研究会大阪経済研究会代表・
大阪経済大学経済学部教授）

これまで、インタビューにもとづいて、中小企業について書かれた著作は、比較的規模の大きい元気な中小企業を対象にしたものが多かったように思います。そういった中で、本書は、生業に関わる中小企業を現地に出向いて取材し、その企業の歴史、特徴、経営者の考えや思いをみながら、中小企業と地域との関係について考察しています。

筆者の宮川晃さんは、民主商工会の事務局そして経営コンサルタントとして、中小企業を支援する仕事をしてこられました。その経験を踏まえ、本書では、これまでインタビューされてきた建設業、製造業、卸・小売業、飲食サービス業、サービス業（飲食業以外）、農業、社会的企業といった多業種の29社にのぼる中小企業等の事例を検討・分析しています。その結果、第1に、それら地域の中小企業が地域社会で信用・信頼されている存在であること、第2に、地域のくらし・コミュニティ、雇用、賑わいを担っていることを明らかにしています。第3に、それらが近江商人の理念といわれるいわゆる「三方よし（売り手よし、買い手よし、世間よし）」という言葉にあるように、売り手である中小企業だけでなく、買い手と世間である地域の人たちも満足することを考えて経済活動をすることが重要であるとみています（第2章）。そして、これからの地域社会における中小企業がめざす方向性として、持続可能な環境・社会（地域循環型経済の再生）をめざすこと、社会的富を増やすことを示しています（第3・4・5章）。

昨今の新自由主義の考え方にもとづいた地域政治経済のあり方・政策は、普通人（common man）であるわたしたちを幸せにしてきたでしょうか。本書は、それとは別の地域政治経済のあり方が存在していることを示し、わたしたち、そしてわたしたちの生活に身近な経済を成り立たせている中小企業に多くのことを教えてくれています。

大阪の経済・暮らしの再生と中小事業者の役割

［目次］

第2章　地域と生きる事業所活動から見えてきたもの

第3章　「三方よし」の事業活動を考える

はじめに

大阪経済の再生は、地域に必要な商品やサービスを提供し地域の豊かな暮らしを支えて事業を展開している地域経済・社会の圧倒的多数である中小事業者・農業者、社会的事業者（協同組合・社会福祉法人・ＮＰＯ等）の事業が維持・発展すること、低下した個人消費を５割台から７割に戻すために賃金を引き上げることです。

最近、マスコミのニュースでも、コロナ後インバウンド（外国人観光客）が回復し景気が良くなっているとの報道を見聴きします。日本の歴史や文化・環境そして優れたものづくりの良さを見に来ていただける外国の方は歓迎します。しかし、そのことで景気が回復すると強調した報道に、それだけでは経済は回復しないと思っているのは、私だけでないと思います。

第二次世界大戦後、アメリカ、ヨーロッパ、日本が高度成長期を迎えたことは事実です。ヨーロッパでは、１９４５年から７５年を「栄光の30年」と言っています。その後、２度のオイルショック、ドイツ・日本の追い上げなどで、テーラー主義（アメリカや日本では、フォーディズム）終焉の後、ものづくり企業の倒産・廃業と大企業の海外進出で国内産業の空洞化と10％を超える失業者の増大の中で、「雇用を中心に据えながら」工業から全ての産業への支援を行っています。

日本の高度成長期の終焉は、１９８０年代後半だと思いますが、日本型経営の廃止・縮小、大企業の海外進出、規制緩和で、建設、卸・小売、サービス分野に大企業・大手チェーン店が進出し、中小企業・小規模事業者の経営困難による廃業と倒産が続いています。農業者は貿易の自由化で経営難から減少し、食料自給率をドンドン落としています。社会的事業所も政府の経費削減で厳しい経営環境に置かれています。国民は、非正規雇用が4割を超え（若者は5割）、人間らしい暮らしもできない現状で、人口減少に拍車をかけています。

また、環境問題は、危機的な状況に突入しています。地球温暖化は、「気候変動」→「気候危機」そして、「地球沸騰化の時代」と言われているのに、石炭火力発電で二酸化炭素の排出を続け、世界の温暖化対策の足を引っ張っています。日本は、世界の地震発生の2割、火山の1割と、世界で最も原発に向かない国であり、世界でも豊富な自然エネルギーの資源国なのに、脱炭素・脱原発をめざし、その資源を活かして新たな産業と雇用の創出を進めようとしないなど、新たな経済の発展の準備・模索が行われていません。一時的な日本ブームに浮かれているようでは、「失われた30年」が「40年」「50年」と続くのではと心配です。

さらに、大阪はよりひどい現状にあります。インバウンド頼み、イベント（たとえば万博）、そして「官から民へ」と、公が担うべき分野を民間の利益に、さらに、公有地を切り売りして大手建設・不動産の儲けに、安らぎを提供する公園などの公共空間を儲けの場に、さらには、カジノ（博打）をめざすなど、大阪の経済の衰退と都市の品格をどんどん低下させています。再生するのに相当の時間を必要とするところまで壊されていっています。

経済の目的は、「経世済民」と言われるように、「世を経《おさ》め民の苦しみを済《すくう》こと」です。

大阪経済の再生の道は、地域に必要な商品やサービスを提供し地域の豊かな暮らしを支えて事業を展開している地域経済・社会の圧倒的多数である中小企業・小規模事業者、農業者、社会的事業者（協同組合・社会福祉法人・ＮＰＯ等）の事業が維持・発展することと、低下し続ける個人消費を5割台から7割に戻すために働く人の賃金を引き上げること、子育てしやすく、高齢者が暮らしやすい社会にすることではではないでしょうか。

また、現在の新自由主義的経済の利潤第一主義では、「格差や貧困」と「生活に必要なものやサービスの提供」が困難になり、経済の目的から逸脱しています。

こうした中で、世界では、「ステークホルダー資本主義」や「連帯経済」などの動きも広がっています。新たな、環境・経済・社会の調和した発展の方向は、経済の目的「経世済民」の立場で、経済の再生をめざすことです。その道しか、新たな経済発展で国民を豊かにする道はないと思います。

本書は、２０１2年8月号に始まった一般社団法人大阪自治体問題研究所の機関紙『おおさかの住民と自治』の連載「きらり☆宮さんの地域で生きる事業所訪問」をもとにしたものです。中小事業者（中小企業・小企業・小規模事業者）、農業事業者を訪問調査し、その事業活動での努力や地域での活動や役割などを取材してきました。最近、ヨーロッパなどでは利潤第一主義から、経済的利益が主目的ではない社会的役割を担った協同組合・協同体（アソシエーション）の役割を評価する動きが高まっていますが、私もそういった動きに注目して、日本での社会的事業所・事業体の役割や現状と課題についての取材に取り組んできました。

本書では、「壊された環境・経済・社会」の再生について考えていきたいと考えました。

本書の構成について説明しますと、『はじめに』で、本書の目的を紹介しています。

第1章「地域と生きる事業所を訪ねて」は、地域に役立つモノとサービスを提供すること―「きらり☆宮さんの地域と生きる事業所訪問から―中小事業者、農業者、社会的事業所の役割を考える」で、「公益性重視」で、「三方よし経営」でがんばっている事業所の紹介を行っています。

第2章「地域と生きる事業所活動から見えてきたもの」では、信用と信頼・支持されながら地域の暮らしコミュニティー、雇用、賑わいを担う「三方よし」の事業活動として、取材を通して見えてきた事業所の特徴をまとめています。

第3章では、歴史的に商人のまちとして発展した大阪の「三方よし」の事業活動を考えます。国民・府民の所得を引き下げて、グローバル企業や大企業の儲けを増やすのではなく、持続可能な環境・社会をめざす経済活動で、暮らしの豊かさと社会的富を増やすことです。歴史的に不況の中から再生していった経済理論・経営理念についてふれながら、大阪の商いの経営理念にふれ、大阪経済の再生をめざす『おおさかの住民と自治』の特集から、大阪経済の新たな方向を探っています。

第4章「環境・経済・社会から考える、現代社会の現状と課題」では、「地球沸騰化の時代」と言われる地域環境危機から、環境と経済の両立をめざす経済・社会を考えています。

そして第5章では、大阪経済の地域循環型経済の再生は、中小事業者、農業関連事業者、社会的事業所（事業体）の地域の暮らしを守り発展させる「三方よし」の経済活動に注目し、壊された「経済」「環境」「社会」の再生で、役割をはたすことを提起しています。

第1章

地域と生きる事業所を訪ねて

地域に役立つモノとサービスの提供──「きらり☆宮さんの地域と生きる事業所訪問」から──中小事業者、農業者、社会的事業所の役割を考える

『おおさかの住民と自治』誌で、２０１２年8月から２０２３年9月まで、「きらり☆宮さんの地域と生きる事業所訪問」を掲載しました。

第1章では、これらから、建設関連3事業所、製造関係7事業所、卸・小売業関係4事業所、飲食サービス業関係3事業所、サービス（飲食以外）関連4事業所、農業関係3事業所、社会的事業所・事業体関係5事業所の29事業所を紹介しています。

「きらり☆宮さんの地域と生きる事業所・事業体」で訪問させていただいた、中小事業者（中小企業・小企業・小規模事業者）は、経営環境の厳しい中だからこそ、地域に密着し、地域社会に必要な商品とサービスを提供しています。

また、地球温暖化と人口爆発的増加の中で将来食糧危機が予想される中、食料の自給率向上に向けて、若い人による農業への参入が徐々に増えつつあります。

社会的事業所・事業体は、コモン（共同体）・アソシエーション・ＮＰＯなどといった、利益ではなく社会の公益性や公共性などを目的に活動しています。

いずれも、根底にあるのは、社会に役立ちたいと、「売り手・作り手よし」「買い手・利用者よし」「世間・地域・環境よし」の「三方よし」の理念を根底にして活躍しています。（以下では、初出の記事を一部変更していることをお断りします。）

【建設関係】

地域コミュニティと商売を両立
ゴトーたたみ製作所（吹田市）代表　後藤孝雄さんを訪ねて

ゴトーたたみ製作所の事業概要と経営理念

後藤孝雄さんは、2006年に独立し、ゴトーたたみ製作所（吹田市山田西）として開業されました。現在は、豊中市豊中町で畳の新調・表裏・フチなおし畳・古畳処分・裏返しを事業として行っています。

その経営理念としては、以下の3点があげられます。すなわち①私達は、人・環境に優しい畳を住まいに取り入れることによって、健康な未来を約束します。②私達は、畳という伝統に創造を加えることにより、和の使者となって、最も身近で幸福と安らぎの空間を提供し、和職派の推進に努めます。③私達は、陽だまりのように温かい経営を通じて、元気で明るい社会と未来を、地域の方々と共にはぐくみます。

また、山田にある商店をみんなで盛り上げていこうと「チーム山田」を結成して活動し、その後、「すまいりんぐメンバーSHPO」「チームこもれび」を結成して活動をされています。他にも、吹田市の産業振興委員（2期）として活躍されています。豊中市へ移転後は、畳店に加えて駄菓子屋も開き、親子で訪れる場と地域に溶け込んでいます。

トラック運転手をやめて畳店を独立開業

後藤さんは、高校を卒業した時が丁度バブルがはじけた時期で仕事がなく、建設関連のタイル屋に1年半勤めましたが、そこで聞く話は昔の良かったときの話ばかりでした。その後、トラックの運転手を勤めましたが、朝6時から夜の9～10時すぎまでの長時間労働で家族と話し合うこともできないと考え、友人の畳店に勤めました。そこでは、景気の良い時と変わらぬ経営をしており、お客さんに対して畳の知識を披露したり、畳の良さについて説明もしない、チラシを配って店を知ってもらう努力もしませんでした。色々と提案してみましたが、営業もチラシも必要ないと言われ、問題にされませんでした。そこで、自分の思いを実現するために独立開業しようと考え、得意先ゼロ・顧客ゼロで開業しました。

自社の仕事は、近所に住む人たちにアピールしており、個人のお客さんが多いです。工務店に行って仕事をもらおうとしましたが、単価の話ばかりで、そのうち行かなくなりました。チラシに工夫をして、1回5000枚で2カ月に1回の割合で自分の足で配っています。

経営方針を決め計画的に事業を展開

1人4役（経営者、働く人、営業する人、経理をする人）で、毎年11月に策定

先ほど紹介した3つの経営理念にもとづいて、毎年、経営方針を11月に立てています。2012年度は、①個人に特化した経営、②営業にきたくなる経営&ホームページ作り、③「チーム山田」&イベントのとりくみの強化、④雇用と2号店出店計画の4つです。設定した目標は、①売上全体の70％を個人客で、②ホームページのアクセスを平均150％に引き上げる、③江坂支店を出店する、④月々の売上平均×1・3倍を目標とする、⑤公民館等のイベントを10回以上、⑥「チーム山田」加盟店を8～15にする、⑦メディアに取り上げられる、⑧新商品を5以上ラインアップするといった8つです。経営方針を立てるときには時間をかけ、自分一人で4つの役割を担うようにしています。

地域で生きる事業所として商売への思いは

商売と地域コミュニティはクルマの両輪であり、中小企業は、目先だけの利益にとらわれず立ち止まってゆっくり考えて進むことが大切と考えています。地域密着の経営は、そこに住むみんなが人間として認めあい、あたり前のことはあたり前にしていくことだといえます。

後藤孝雄さん

お客さんは、畳のことも建築物としての家のことも知らない場合が多いので、畳の役割、作業工程などについて一から説明しています。畳の値打ち・価格も知ってもらい、農家が苦労して育てたことも知ってもらうことで、価値を共有できますし、アンケートにも取り組んでお客さんの要望も商売に反映させています。

山田地域を見ると、千里など高齢者が多いところもあります。若いうちは洋間で過ごしても、年齢を重ねていくと畳の部屋が欲しくなってきます。そうした要望や相談にのっていけば仕事は多くあると考えます。また、子どものときから畳に親しみをもってもらうことも大切です。子どもや若い世代には、

「ミニ畳」（30センチ角の飾り畳）でたたみの良さを知ってもらい、子どもには畳づくり体験会を行って、将来の畳を使う世代の広がりと顧客づくりをめざしています。

半径1キロ圏の人から仕事を受けるようにしています。畳の入れ替えは一度すれば5年は必要なくなります。地域で循環して仕事を創っていくこと、社会貢献と経営の両立で進めることをめざしています。「売り手よし」「買い手よし」「世の中よし」の「三方よし」の商売を進めています。

吹田市山田での活動、市の産業振興委員の活動。豊中に移転してからの活動は…

「チーム山田」として、みんな同じ思いで地域コミュニティの再生に力を合わせてきました。「チーム山田」の活動は、経営と社会貢献をクルマの両輪として進めています。

吹田市産業振興委員を2期務めました。山田地域には経済発展の芽はあると思います。吹田市の起業家交流会、吹田民商や中小企業家同友会の交流会に参加していました。地域経済の活性化への理念の共有や官公需・公契約の問題があると思います。

豊中に移転してからは、近くの図書館に来られる親子連れが多いことに気づきました。その人たちをターゲットにして、日本の原風景とも言える子どものコミュニティと憩いの場としての「駄菓子屋」を併設しました。

取材の感想：社会に役立つ商売の原点に立ち返った商売

後藤さんの地域コミュニティと商売を両立する経営は、１９６０年代までの日本のどこででも見られました。その頃は、地域社会で安心して豊かに暮らすために、地域社会の中に生活の必要性に応じた商売が存在していました。

かつての若くて元気な日本は、工業立国としてものづくりを進めてきましたが、現在は高齢化と少子化が進んでいます。ものづくりで大量に都市へ集中した人たちも高齢化を迎えて、生活の不便さを感じたりと新たな課題もかかえています。後藤さんの経営は、21世紀の地域に密着し、地域コミュニティと商売を両立・再生しようとする「三方よし」の事業活動だと思います。

［畳店が吹田市山田西から豊中市豊中町に移転したのでその部分を変更しました］（2012年11月号）

文化財を守る発掘調査に魅力を感じて

社団法人造詣社《ぞうけいしゃ》（大阪市西成区）　殿井　商さんを訪ねて

（2016年の取材当時の肩書きは、NPO法人歴史のかたりべ監事・甲冑事業部です。記事の内容は取材当時。社団法人造詣社は2024年4月より）

殿井さんの事業とNPO法人歴史のかたりべの活動概要

殿井さんは、建設会社からの依頼で、工場やマンションなどの予定地での遺跡調査を行いデータ化します。しかし、見つかった遺跡を工事で壊してしまうことに心を痛め、研究者などと「NPO法人歴史のかたりべ」（京都市中京区空也町）を6年前に立ち上げました。

同NPO法人は、「文化財は、国民・地域住民としてのアイデンティティを形成する重要な要素であると同時に、観光資源としての性格をも有する『国民的財産』」（文化財保護法4条）に基づいて、文化財の保護は「社会問題」と考えて活動しています。活動は、①講演会・講座、②歴史見学会・街歩き・ツアー、③発掘体験等の体験型学習、④甲冑事業を行っています。活動は、京都・奈良・大阪を中心に進めています。現在は、城の石垣の補修や堀の水をきれいにする活動にも取り組んでいます。

甲冑事業では、西成区の民商の方と連携し、戦国甲冑で、西成のまちのイメージアップのイベント活動など、地域の魅力発信と地域活性化に取り組んでいます。

開業の動機は文化財を守る発掘調査に魅力を感じて

殿井さんは、家業の自動車修理業を継ぐために、修業のため就職したコンピュータ会社で企画や営業の仕事に就きました。その後、友人と一緒に飲食関係の食材会社を立ち上げた時に暇だったので遺跡調査のアルバイトの仕事に出会い、その魅力に触れ本格的に事業化にとりくみ18年になります。

殿井さんは、建設会社からの依頼で遺跡調査を行いデータ化するとともに、「見つかった遺跡を残すことはできなくても、地域の歴史に目を向けてもらえる機会がつくれたら」と、事業と文化財保護の両立した社会的企業として事業活動をしています。

殿井商さん

文化財こわしから、文化財保護・発信をめざして

「NPO法人歴史のかたりべ」監事・甲冑事業部を務める殿井さんは、

遺跡は残すことはできなくても、地域の歴史に目を向けてもらえる機会にと、専門の研究者を招き、文化財・歴史に関する講演会・講座を文化財の近くで企画し、またインターネット上で講座を実施しています。研究者とともに行う歴史見学会・街歩き・ツアーは、講演会等と組み合わせることで、一般的な観光より質の高い現地見学会を提供しています。発掘体験等の体験型学習は、実際の調査データに基づいた疑似遺跡を造成し、研究者の指導のもとに発掘調査を体験してもらう計画を進めています。

遺跡発掘と文化財保護をどう結び付けるかをめざして、発掘調査した文化財をいろんな人に見てもらい、自分の住んでいるまち・自治体の魅力を発信する講演会で、先生の講演と文化財のブース展示を行うなどしています。現在の高齢化社会では、インターネットで発信することを通じて、第2の人生として、歴史を見たい、文化財保護の活動を体験したいなどの輪が広がっています。

その一環として、「城めぐりツアー」「歴史ハイキング」などを企画しています。「日本の城の魅力を語る」や「大阪から見た戦国の城・近世の城～土の城から石の城へ～」などのシンポジウムを開催しました。城郭研究者と協力して全国3カ所で行った「日本の城検定」は約1000

真砂慎吾さん

仲間孝治さん

成子昌美会長・王子由美さん

人が受験するなど、注目を集めました。

甲冑事業で地域の魅力発信と地域活性化に取りくむ

大阪は、戦国時代は全国有数の「城下町」、江戸時代に「商人の町」になりました。「大阪の歴史」を発信する活動のなかで、戦国甲冑制作者の真砂慎吾さんと知り合い、歴史イベント会社とも協力して一緒に百貨店や商店街などのイベントで戦国甲冑のレンタルを行っています。甲冑はプラスチック製で軽く気軽に着けることができます。

歴史に興味のある女性「歴女」への注目や、「大坂夏の陣」400年メモリアルイヤー（2015年）などで戦国時代をテーマにしたイベントが多く開催されています。甲冑はプラスチック製で軽くできていますので、「甲冑を着る人」が増えています。今年、大阪ではNHK大河ドラマ「真田丸」で大阪城や大阪のまちへの関心もたかまっています。

西成地域の魅力発信の活動には、成子晶美会長の指導の下に民商の仲間と一緒に、イベント場所に「戦国時代を意識した弁当メニュー」の共同開発（とんかつ道場・仲間孝治さん）やイベント企画者（プリンス企画・王子由美さん）などと連携して取り組んでいます。

「大阪や西成区の歴史を掘り起こして、今の時代に合った魅力を打ち出していこう」と地域の魅力発信、まち活性化に取り組んでいます。

取材の感想：大阪は戦国時代の城下町から江戸時代に商人の町へ―歴史を活かして地域を元気に

発掘調査が文化財つぶしではと心を痛めるのではなく、文化財保護と事業活動を取り組む社会的企業としての事業活動と、地域のイメージアップ・魅力を高める活動を地域の仲間と連携してとりくむ社会的活動は大切だと思います

江戸時代の元禄は100年に一回の繁栄の後、バブル経済、バブル崩壊、デフレ経済を経験し、成長なく持続的な社会・経済の中で、大阪の社会は、上方文化で「物の豊かさと心の豊かさ」の両立で栄えた町。商いは、「三方よし」（「売り手よし」「買い手よし」「世間よし」）で、地域社会の暮らしを支えるために、商品と社会、暮らしを支える役割を担ってきました。

「利潤第一主義」「儲かればなにをしてもいい」という風潮と、大量生産・大量消費経済の行き詰まり、環境破壊の時代に、歴史を大切にした文化財保護や、地域の魅力を発信し地域を活性化する活動は、現在の時代に大変重要な活動だと思います。

今後とも、事業活動と文化財保護と地域の魅力を発信し地域活性化をめざす、社会的企業・社会活動をめざす殿井さんの活躍を願っています。

（2016年8月号）

八尾の地場産業・造園業で緑と景観のあるまちづくりをめざして

松倉造園（八尾市垣内）　松倉　浩さんを訪ねて

八尾の地場産業としての造園業

八尾市と言えば、東大阪市とともにものづくりのまち（製造業）の集積地として全国的に有名ですが、

市の東部の生駒山脈の山間の傾斜地を活用した花き栽培と造園業も盛んで、大都市大阪の緑で潤いのあるまちづくりを行う地場産業となっています。

高安地域は扇状地で、奈良県側から押されている地域で、新しい住宅建設も規制地域ですが、山間に中河内最大の心合寺山古墳や千塚と地名があるように多くの塚があり、山津波等の先人の防災対策を保存維持しつつ、その斜面を利用した花き栽培と造園業を営む、地域環境と地域資源を活用した産業が栄えた地域です。

松倉　浩さん

かつては、八尾の高安・南高安地域に380者あったといわれる地域で造園業を営む松倉造園の松倉浩さんを訪ねました。松倉さんは語ります。

松倉造園の概要

松倉造園は、1964年に父が造園業の見習いを始め、親方の所に後継者がいなかったので、翌年引き継いで創業しました。私は、2代目で2005年から引き継いで事業を継続しています。職人は常時は2名です。

仕事は、和洋庭園・土木・植栽帯・設計施工・管理・樹木選定・植樹・樹木伐採・草刈り・外構工事・エクステリア工事・石材工事などを行っています。具体的な仕事の内容は、個人の住宅の庭づくりや剪定、学校や会社の緑地工事と管理、商業施設の緑地工事や管理などです。

引き継いだ時は忙しかったのですが、現在は樹木の剪定と外構工事が9割（引き継いだ時は6～7割）と主体となっています。

昔から住んでいる地域なので、父は区長をしていました。私は、若い時は青年団、消防団で地域の活動を行いました。現在は、自治振興委員として地域の活動に参加しています。

造園業の現状と経営上の課題

造園業は、かつては、高度成長期と人口増で仕事が多く、造園業者が増え380者ぐらいと言われていますが、現在は200～260者ぐらいと思います。仕事が減り、後継者不足で減少しています。私の住んでいる地区も6者から3者に減少しています。

地域では、会社を退職して農業をする人は増えつつありますが、造園業はあまりありません。

現在、個人のお得意さんからの紹介での庭の剪定などの仕事が増加しています。造園業者が廃業されてその仕事を引き継ぐことが増えています。また、「樹木の剪定を安く」とシルバー人材センターに頼んだ方も数年後には帰ってきます。樹木は生き物ですので、成長しながら、鑑賞しての美しさと癒し効果からも専門業者に頼むことが多いのです。造園業の技術力が評価されていると思っています。

また、コロナ禍などの経験から、遠方に出かけての景観や癒し、ストレス解消から、自分の家や近くで豊かな緑で美しい環境と癒し効果を求める傾向は強くなり、技術力があれば仕事は増えてくると思います。

課題は選定材木の処分です。高い費用で処分するのが負担になって、一定の仕事量がないと負担が重く、事業がしにくくなります。剪定材をゴミではなく、資源として活用する方策が求められています。また、このことは、地域資源循環型経済・社会の実現や大量生産・大量消費・大量廃棄型経済からの転換、さらには急務である地球温暖化対策や環境対策の面からも大切だと思います。

行政としての支援と対策があれば、事業もやりやすいし、また、技術習得も早くでき、作業道具も少なくてすみ、独立創業しやすい業種なので、事業者も増えるのではないかと考えています。

取材の感想：環境と地域資源を活用した産業は環境対策と温暖化防止にも

地球温暖化は急速に進み、人類、生物の生命の危機、環境危機が言われています。国連の「気候変動に関する政府間パネル（ＩＰＣＣ）」２０１９年８月では、「これまでのアグリビジネス主導の工業的農業のあり方が地球環境を破壊し、温暖化を加速させている」と指摘しています。また、森林や草原の破壊がそこで生息する生物と、そこで生息するウイルスの住処を奪うことで、ウイルスが新たな生命体をもとめて人間に感染することが、感染症が発生する原因とも言われています。

八尾の地場産業の造園業は、地域の地理的環境条件を守り活用した環境調和型の持続的な産業です。現在の環境課題と産業のあり方を考えるヒントではないでしょうか。

緑と庭は、人々のストレス解消と癒し効果の大きな産業です。大いに発展させる必要があると思います。是非、頑張って発展することを期待しています。

（２０２１年５月号）

【製造関係】

プリント基板の金型開発で、オンリーワン企業に

株式会社藤原電子工業（八尾市）代表取締役　藤原義春さんを訪ねて

株式会社藤原電子工業の事業概要と経営理念

１９９３（平成５）年、独立し創業。事業内容は、「プリント基板のプレス加工」と「プリント基板の金型製作」。従業員は35名で年齢層は若く、経営者は50代で後継者のいる企業。

経営理念は、①想像力と研究心の発揮で技術力の向上、②先見性を養い社会の変革に対応できる会社、③顧客様と社会に貢献できる会社、④社員の成長と共に発展できる会社。この経営理念にもとづいて、すべての社員が、自分の能力を発揮できる企業をめざしています。ものづくりのネットワークや八尾市産業振興委員（12年）などでも活躍されてこられました。

プリント基板の金型開発で、オンリーワン企業へ

１９９３年、バブル崩壊後の不況の直後に創業

プリント基板の会社を独立開業しましたが、安い単価で長時間働いても儲からない。生活も大変な時期が続きました。ここから抜け出さなくてはと思い仕事が終わった後、夜遅くまで金型製造企業で働いた経験を活かして、バリ（ひげ）の出ない工法の研究を10年間続け金型を作りました。

ガラス繊維の加工はバリ（ひげ）がでるのが常識、SAF金型でバリをなくす

倒産の危機から抜け出すために、自社の現状分析、弱みとともに、金型技術の経験の強みを発見したことが、SAF金型開発の原点です。当社のSAF金型できれいに加工できる案内を数社に送りました。説明に行った名古屋の車の基盤の仕事は、車載用の小さい基盤に電線でつなげるので、ゴミがあるところにハンダすると電気の流れが変わり、車の事故のもとになる。藤原の金型を使うとそれが改善されるということで採用され、そこから事業が上向いてきました。ルーター加工（ドリルを高速回転）は加工に一日かかりますが、当社のSAF金型で加工すると、1時間で加工できます。おかげで、低単価で長時間働く会社から、新製品を開発しながら高い収入を得て人間らしく働ける企業になりました。

藤原義春さん

新たな金型開発でさらに効率のいい生産体制に

2012年にスーパーSAF金型を開発、2014年にミラクルスーパーSAF金型を開発し、ルーター加工に対して、大変加工面・単価面で効率のいい生産が可能になりました。日本国内とともに世界でも評判になっています。来年は、フランスの展示会に出展を計画しています。

外国から、金型を売ってほしいとの依頼もありますが、金型を売ると、結果的には、日本の国内のプリント基盤加工メーカーの仕事がなくなります。その時は、当社の金型で基盤加工をしている会社を紹介しています。

基盤業界の現状と将来を見据えて

基盤加工業界は、日本のメーカーが、中国・ベトナム・タイでの海外生産を拡大しており、国内生産は減少しています。将来は、もっと減少すると思っています。藤原は、性能のいいＳＡＦ金型を開発しているので仕事は増えています。

しかし、プリント基板加工業界があと何年続くのかと考え、将来を見据え、新たな異業種の開発に力を入れています。社内教育は良く取り組み「いい人材を育成したい」と思っています。今こそ、技術や技能が必要と思っています。

企業の10年先、その先も何十年と持続的に発展する企業をめざすことを考えると、プリント基板加工技術の一層の向上は必要ですが、同時に、新たな分野として、①未来のエネルギー産業、②金型技術を活かした部品加工（食品・医療・複合素材切断など）、③タービンのブレードなども視野に新たな研究と開発に向けた取り組みが必要と思っています。

生き続ける企業をめざし、中小企業の使命も踏まえて

激しい競争の中で生き続ける中小企業として、現在の加工機械の能力を１２０％生かす研究、企業の改善に繋がる、ＰＤＣＡの実践、自律と自覚をもった中小企業をめざしながら、中小企業の使命として、

①家族と社員を守る。②日本の社会を支え産業を守る。③社会に求められる企業づくり、お客様や社会に必要とされる企業に成長させることが中小企業の経営者の責任と思いながら、発展することをめざしていきたい。

訪問の感想：将来も見据えた元気な経営

藤原さんは、プリント基板加工の会社を創業し、下請けとして事業を行っていましたが、安い単価で長時間働いても儲からない、生活も大変な時期が続きました。ここから抜け出さなくてはと思い、仕事の終わった後、夜遅くまで金型製造企業で働いた経験を活かしてバリ（ひげ）の出ない工法の研究を10年間続けました。ＳＡＦ金型を開発し、下請けから脱却し、従業員も高い収入が得られ、人間らしく働けるオンリーワン企業に発展しました。

しかし、プリント基板加工業界の将来を見据えて、プリント基板加工のさらなる向上とともに、持ち前の熱心な研究心で、さらに新たな開発に取り組んで、何十年も続く持続的に発展する企業をめざしています。

ものづくりのネットワーク活動では、ものづくりの技術だけでは、新製品を開発しても売れなかった経験を生かし、消費者のニーズを把握している消費者・サービス業者、農業者と連係した活動もされてこられました。また、八尾市産業振興条例委員などで地域経済振興にも尽力されました。

今後も、持ち前のバイタリティーで、自社だけでなく、地域が豊かになるための取り組みに尽力されることを期待しています。［取材時と事業内容が大きく変化したので、２０１２年の取材をもとに、２０２４年4月に一部変更しました］

（２０１２年 ８月号）

量産部品の海外移転による仕事の減少の中でも地域にこだわって

清本溶工所（堺市・美原区）社長　清本英世さん訪ねて

清本溶工所の事業概要

清本英世さんは、１９８１（昭和56）年に得意先の社内外注として開業し、親会社の規模縮小に伴いその工場で引き続き操業。業種は、溶接・鉄工・製缶、製品は流通関係のパレット、公共事業の道路標識などを製造しています。従業員は、息子さん３人と奥さんの５人。経営は、量産品の生産が海外移転する中、「品質」にこだわり、業態を溶接からプレス加工・溶接・塗装・組立と単品の製品づくりを行っています。地域の経済に対する思いは日本の高度な技術・技能を若い人に継承発展させようと、堺溶接工業協会副理事長として、市立堺高等学校や府立堺工科高等学校で実習の授業を行うなど、地域として技術・技能の若い後継者づくりをめざしています。

…東アジアのものづくりの発展やリーマンショックで仕事はいかがですか

量産品の溶接の仕事が海外へ移転が進んでいる中で、リーマンショック後仕事が半減しました。従業員は10名いましたが、現在は、息子３人と妻の５人で事業を行っています。

中国へ行ったら高給が保障されると進められましたが、考え方が違うとことわりました。

…地域とものづくりの技術にこだわりは

日本の技術が外国に流出することは、結局外国の技術・技能が高度になり、広い意味で日本が損をする。

量産物は海外でも、「品質のいいもの」「技術の必要なもの」少量生産や短納期のものは地域のネットワークで、国内で生産されます。堺のこの地域にこだわって、ここで、地域を元気に、自社も元気にしたいと思っています。

また、従業員は、溶接の技術を身につけるのに3年はかかり、その後も経験を積み技術・技能の習得が必要ですので長く勤められる人にと思っています。息子は10年以上経験して、いろいろな資格も取得しています。将来を考えると、どうしても若い人に引き継いでもらわなければと思いながら事業を進めています。

すべての溶接に対応し、溶接から業態を単品加工に

…地域で頑張るための経営方針は

溶接は、高度な技術が必要ですがすべての種類の溶接ができるようにしています。鉄板も薄もの、厚もので溶接の工法が変わりますが、当社はどちらも対応できるようにしています。鉄板が冷たい時と熱くなった時とでは、溶接のスピードが変わります。こうした技術は長年の経験が必要です。技術を活かして、「高い品質」「小ロット」「短納期」への対応が行えるよう業態を、溶接から切断・プレス・溶接・塗装・組立と、自社で溶接加工から完成品が作れるようにしています。

…製品づくりは自社で完成品まで対応

単品製品づくりは、図面をもとに自社で、材料調達から加工工程や、加工に必要な冶工具づくりを行い、一貫生産で「品質」の良い単品製品づくりを進めています。技術力をもとにした「高い品質」の製品をつくる仕事を伸ばしています。

堺溶接工業協会の副理事長として若者に技術・技能習得の支援活動

…高校などでの技術・技能の支援を行っておられますが

堺市では、市立堺高等学校と府立堺工科高等学校などで溶接の実習教育が行われています。堺溶接工業協会（会員１００社）が協力、私は副理事長として取り組んでいます。

溶接工は、「高度成長期やバブル期であれば、溶接で高給を稼ぐこともできましたが、現在の溶接工の現状は過酷です。資格をとっても3年に1度は再評価試験を受けなければならないなどの制約があります。それに見合う待遇が保障されない。このままでは、溶接を仕事に選ぶ若者が少なくなるのも仕方ない面があります。こうした中で、高校生への溶接教育に注力することで、少しでも多くの若者が溶接に興味をもってくれればいい。彼らが卒業後、堺のものづくり企業に就職することで、この街の活性化に繋がれば、我々の仕事も前向きになると思っています。

もちろん、技術を身に着け、ＪＩＳ規格を取得した若者は、大手企業に就職している人もいますが、高校生の教育に協力することで、堺のものづくりの担い手づくりを育成し、地域経済を元気にしたいと思って活動しています。

清本英世さん

取材の感想：ものづくりが抱える課題の打開へ

今、日本の製造業は、製造拠点の海外展開と、東アジアの新興国の追い上げで製造業が減少し、雇用の受け皿としての機能も減少しています。同時に、製造業の減少は、発注中小企業も、製造業集積地での部品加工や半完成品の発注先の中小零細企業が少なくなり困っています。このままでは、何年か先には生産できなくなるとの声も聞かれます。そうなると、地域への発注ができなくなり、製造業の集積も一層の減少の条件になります。

清本さんのように、地域全体としてものづくりの担い手の技術者を養成する活動がすべての業種で行えれば、高度な日本の技術が継承でき、日本でしかできないものづくりやネットワークを活用して「短納期で高品質な製品づくり」「地域と生活に密着した仕事」などの仕事と、さらに新たな仕事づくりができるのではないでしょうか。

企業での技術者の大量定年時代と中小企業・零細業者の引退の時期に、若者への技術・技能の継承は、技術者の養成と日本の技術力を高めるとともに、新規創業の苗床づくりにも繋がります。清本さんらの活動は、地域のものづくりと地域経済を元気にするとともに、日本のものづくりが抱えている課題の打開をめざすひとつの取り組みとして大変重要だと思います。心から拍手を送ります。（２０１３年 ８月号）

下請加工で築いた技術をいかして下請けからの脱却をめざす

株式会社阪和紙業社（大阪市東住吉区） 藤川隆広さんを訪ねて

株式会社阪和紙業社の概要

事業内容は、合成樹脂フィルム製品の製造・販売と、委託加工を行っており、加工の内容はスリッター加工・サイドシール製袋加工を行っています。従業員10名。2代目の経営者。

創業は1960（昭和35）年、父親が製袋の機械を自分で作り、製袋業の下請として事業を行っていましたが、高度成長の景気のいい時に資金ショートで倒産。その後、生きるためにスリッター加工機を借金して購入し、スリッター加工を始めました。現在2代目の隆広さんは、当初学校卒業後、会社に勤めていましたが、父の病気で退職し、2代目になり「下請からの脱却」と「環境にやさしい素材」を使った自社製品の開発などで事業経営を進めています。

下請けからの脱却をめざして　下請け加工で築いた技術を活かした加工

藤川隆広さんと製品

包装用資材業界は、川上では石油化学や製紙会社の材料系の大企業があり、加工も巨大な設備を持った大企業があります。材料の購入先が大手、加工の納入先が大手という中で、仕入単価が高く、加工した製品は低い単価になります。特に近年は、下請加工は、親会社から中国など海外の単価を押し付けられながら、品質は高度なものを要求されています。

親の代に倒産の経験があり、この分野で嫌がられるスリッター加工分野やサイドシール製の袋などの加工で自社製品を作っています。加工機械も熟練の従業員が使用して改善が必要な部分を改良しながら作ってもらい、高度な品質の製品づくりと、ローカルな機械で、高度な技術で加工するなど、幅広い多様な加工で製品づくりを進めています。

ピンチをチャンスに―下請けからメーカーへ

下請中小業者は、安い単価とともに、高度な品質の製品を日々要求されています。その高度な技術のノウハウを活かして、自社の「製品づくり」を進めています。

メーカーから、ポリエチレンのスリッター加工をしてほしいとの依頼があり、加工しにくい素材ですが、下請加工で築いた技術、品質管理・製品管理を活かして建築内装関係のクロスの下敷きテープ「クロスジョイントテープ」をつくりました。加工の難しい素材から「苦労して製品を作り上げる」ことができてやりがいとスリッター加工の仕事を広めてきました。

しかし、途中で得意先が倒産しました。大変苦労しましたが、お客さんからは、「クロスカットテープ」がほしいとの要望が多くあり、メーカーから材料を仕入れ、製品をつくって、お客さんに届けるメーカーとして、事業を発展させてきました。

お客さん、社内、材料メーカー、機械屋をつなぎ「いい製品づくり」

お客さんから直接製品についての要望を聞き、材料メーカーに素材の変更を要望する。工場内の機械も品質が安定するものに要望して発注するなど、お客さん、社内の品質・製品管理、材料メーカーの素材要望と連携した製品づくりで、いい製品づくりを進め、今では、販売メーカーのカタログにも掲載されています。現在は、自社製品が売上の70％、委託加工が30％になっています。

環境対策・品質にこだわって

企業理念は、・環境にやさしい製品をつくります・商品にマッチした製品を提案します・物流・保存・保管を考えた製品の提案をモットーに包装資材の製品づくりをめざします。製品が合成樹脂フィルムの製品であり、ゴミやホコリへの対策を従業員全体に徹底し、3S（整理・整頓・清掃）の運動を進めています。

素材の材質はポリエチレンフィルムで、焼却しても有害ガス（塩化水素ガス）が発生しない材料を使用し環境対策も進めています。また、再生（二次）加工できる材質を使用しており、週に2回再生業者が回収にきています。

地域と企業間のネットワークで活動

工場の周辺の地域のまつりや町会、老人会などの活動には協力しています。同時に、異業種のネットワークで情報共有や同業種・関連業種のネットワークでは事務局を担当し、情報共有や新製品開発や各種展示への共同出展などの活動を進めています。

取材の感想：困難を力にして前進するたくましさ

合成樹脂フィルムの製造は、単価がきびしく長時間働いてもなかなか利益が少なく厳しい業界と言われています。

親の代の高度成長期に倒産した経験から、委託加工の下請として、安い単価とともに高度な品質の要求に応えて加工しています。こうした高度な技術のノウハウを活かして、難しいスリッター加工の仕事を行い、メーカー倒産後、自社の「製品づくり」を進めています。お客さんの製品への要望に対して、社内の品質、製造管理に努め、仕入メーカーへ素材の改善を要望し、機械メーカーへは品質が安定するよう機械の改善を求めるなどの経営努力を行い、メーカーとして発展しています。

困難な情勢を力にして、前進する中小事業者のたくましさを感じます。今後、ますますの発展を期待しています。

（2014年5月号）

「深穴加工（ガンドリル加工・BTA）は、大阪の不二新」となることをめざして

株式会社不二新製作所（大阪市平野区）　乙間英司さんを訪ねて

> **株式会社不二新製作所の概要**
>
> 株式会社不二新製作所は1966年に旋盤フライス加工を中心として創業し、1968年から深穴加工に参入しました。各種金属、非鉄金属、樹脂などさまざまな機械部品の加工を完成品まで一貫生産を行っています。中でもガンドリル加工機を中心に複合旋盤、マシニングセンターなどを用いた独自の加工技術を有しています。深穴加工の技術は技術力・品質も高く、大阪府の「大阪ものづくり優良企業賞（2013年）」を受賞しています。

「会社を潰したくない」と大手企業を辞めて、会社を引き継いで

創業者の父が18年前になくなり、後を引き継いだ工場長も高齢となり、母から「廃業しようか」と相

談の中、乙間英司さんは「会社を潰したくない」と勤めていた大手コンピュータ会社を周囲の反対を押し切って31歳で退職し、1年間、深穴加工の会社で技術を習得して、7年前に引き継ぎました。

深穴加工＝「ガンドリル加工・BTA加工は、大阪の不二新」となることをめざして

乙間英司さん

ガンドリル加工・BTA加工とは

ガンドリルマシンは、もともと「小銃や猟銃の銃身に穴をあけるために開発されたもので、銃を加工するドリルを工業用に転用したもの及びその加工機械」のことです。BTAマシンは大砲の銃身などを製造するために開発された技術を工業用に転用した加工技術及び加工機械です。

外径を問わず、ガンドリル加工機、BTA加工機を使って、直0・8ミリから75ミリの穴を最大1500ミリまで貫通することができます。長さ1000ミリの加工で、曲り誤差は1ミリ以下という精度加工ができます。また、穴の内径面は研磨されたような仕上がりで、高技術、高品質の加工を行っています。

材質と加工条件のデータベース化で、高品質な加工を

取引先からの多様な品質要求にこたえるために約800種類の材料についてデータベースで管理しています。特殊材料や難加工材の場合でも、見積依頼があれば、即見積が可能となっています。

同時に、熟練者の精密加工もデータベース化することで、高度な加工がパート社員であっても可能になり、加工時間の短縮・高技術・高品質・短納期にも対応でき、取引先の信頼を高めています。

外国の特許や論文を分析・実践して、さらに独自加工技術を高めて

大手コンピュータ会社に勤めていたので英語や中国語などにも対応できます。外国の特許や論文を分析・実践し、外国にメールで問い合わせたりして、新たな知識を広め、今後の加工や技術の向上に繋げています。

取引先との連携で、取引先の希望に合った完成品づくりを

取引先800社から注文を受けるだけでなく、自社の加工の協力会社として連携することで、処理の困難なものでも「出来ません」と答えるのではなく、豊富な協力工場に依頼することで、あらゆるニーズに対応した完成品までの一貫生産を可能にして発注も増えるようになっています。

大阪府の「大阪ものづくり優良企業賞2013」を受賞

「大阪ものづくり優良企業賞2013」は、高度な技術力や高品質な製品を有し、コスト管理、短納期などを誇る大阪府内の企業を発掘し顕彰する制度です。

小企業ですが、高度な技術力や高品質な製品を有し、低コスト、短納期に対応できる企業として大阪府知事からも認められています。

取材の感想：研究熱心で若くオープンな社内関係が力に

「会社を潰したくない」との思いで、大手コンピュータ会社を退職し、深穴加工の会社で技術を習得して、会社を引き継ぎました。

会社は、大手コンピュータ会社の経験も生かして、外国の特許や論文の研究と実践で新たな高技術の習得、800種類の材料のデータベース化、熟練加工技術のデータベース化など、高度な技術と加工で、高品質・短納期に対応など、創意ある経営が行われています。

また、会社内では、社長とかパートさんとかの上下関係がなく、社会人として対等になるように、お互いを「さん」づけで呼び合っています。はじめて来社した方は、だれが社長かと思うほどです。ちなみに社員の平均年齢は34歳と非常に若いもの特徴です。

技術・技能の向上では、従業員もできる限り外の環境に触れられるようにし、全員が外で得た情報を共有する経営を行っています。

乙間さんがめざす「ガンドリル加工・BTA加工は、大阪の不二新」となることをめざして一層発展

されることを期待しています。（２０１４年８月号）

手作業と技術力で仕上げるヘラ絞りは多品種少量生産に大きな可能性

吉持製作所（大阪市生野区）代表　吉持剛志さんを訪ねて

「ヘラ絞り加工」吉持製作所の概要

吉持製作所は、ヘラ絞り加工が集積している大阪市生野区で、１９６７年４月に創業し、現在は二代目の吉持剛志さんが道雄さん（弟）と事業を行っています。

ヘラ絞り加工は、金属版を「ロクロ」という機械にセットし、金型とともに回転させながら、「ヘラ」と呼ばれる道具で素材の金属に当てて曲げたり伸ばしたりする加工技術です。特徴は、職人の技術力で、金属プレス加工に比べ、材料も少なく、安く早くでき、プレス機械で出来ない複雑な形、多品種少量生産、試作品、納期が短いなどの仕事に対応できます。

製品は、照明用シェード、照明部品、工作機械部品、電車機械部品、集塵機部品、オートバイ用フィルター、ロボット用プーリーダスト口金、建設金物、ＬＥＤ用照明カバー、イス・テーブル、工業用ダイアモンド作成カップ、塗装用タンク、計器カバー、硬質アルミパイプ加工、環境機器部品、研究用アルミヘルメット、繊維機械部品スプロール、各種アルミカバーなど。アルミ加工が得意ですが、真鍮、銅、ステンレス、鉄材料の加工も行い、正確、迅速、丁寧をモットーに対応した最適な商品を提供しています。

大手の下請けから多様な取引の時代に　大手家電メーカーの仕事がゼロに

10年前、大手家電メーカーの反射板の仕事が突然「ゼロ」になりました。知り合いやヘラ絞り業の多い地域を回っても仕事がなく、どうしようかと悩みました。「困った時は行動すること」と、そこから必死の努力を始めました。今まで、出入りしていた大阪市の産業創造館で相談しました。ホームページを作ったらどうかと言われ、産業創造館の「ネット塾」に参加しました。PCは、まったくさわったことがなかったので、ずいぶん苦労しながらホームページを作成しました。

デザイナーと連携した多様なものづくりを

そうすると、思いのほか反応があり、今まで考えられなかった新しい依頼が来るようになりました。なかでも多いのはデザイナーからの問い合わせで、図面やスケッチのものがありますが、大量生産に行く前に試作したいなど、デザイナーのニーズにぴったり適合した花瓶や室内用の植木鉢などの制作依頼などが増えました。下請け仕事の時の大手いいなりの単価から、対等の立場で相談できるようになり、単価も比較的にいい状況になりました。

また、産業創造館の研究会への参加や「メビック扇町」という中小企業を支援する施設に出入りする中で、企業家やデザイナーとの交流も広がっています。デザイナーやクリエイターから依頼も増えてき

吉持剛志さん（右）

ています。デザイナーさんたちとの交流で、オリジナル製品の開発という仕事で大手の椅子メーカーの製品づくりが広がったり、またデザイナーさんと交流する中から、新たな仕事が生まれてきています。

ものづくりの連携では、異業種交流会フォーラムアイにも参加してきました。

仕事がなくなり困った時は、まずは行動すること。その中で人脈を広げる中で、新たな連携と仕事が繋がっていくことを体験してきました。ネットワークや人脈の広がりは1プラス1が2ではなく、5の可能性を持っていると感じています。動かなければ、情報発信しなければ、何も始まらないと感じています。

素材と対話しながら加工する面白さを若い人に

ヘラ絞り業界の課題である後継者不足の問題は深刻です。高齢化しています。生野を中心に約150事業所ぐらいあると思いますが、後10年たったら、ヘラ絞り加工ができなくなるのではと思っています。

「ヘラ絞りは経験を積んで覚えるしかない」ので、若い世代への技術伝承が難しいために、学生の職場体験を積極的に受け入れました。体験の中で、「素材と対話しながら加工するものづくりの感性を身につけ、面白さを知っていただけたら」と思っています。

ヘラ絞り中の吉持さん

産業創造館やメビック扇町の「研究会」や交流会の参加者の中から、自然発生的にヘラ絞り体験を希望する人が増え、ここ10年間で600名以上が参加しています。商工会議所や地域の学校の生徒の職業体験なども増えています。

こうした活動を通じて、若い人の支援ができることに喜びを感じ、若い人のグループが熱心にヘラ絞り体験を行い、「楽しいから友達にも発信しよう」と言っていた時などは喜びもひとしおです。また、若い人を育てるばかりでなく、新しい世代と交流することで、新しい技術や市場が育っていくと思っています。

取材の感想：ものづくりの感性と喜びを伝える〝ヘラ絞り〟が切り開く未来

ヘラ絞りを目の当たりにして、これは「金属加工の究極の姿だな」と感動しました。一枚の金属片からロクロの回転と一本のヘラと言われる棒を当てて金属を思うように円筒状の物に加工して製品にする。吉持さんも「こんなに金属と対話しながら加工する仕事はヘラ絞りだけだ」と強調されています。

考えてみれば世の中に、先が円筒形のものは多く、よく話題になる新幹線の先頭車両の風を切る形状、飛行機やロケットの先端。身の回りではタライやバケツ等の容器・小さなものではペン先等、実に多岐にわたります。こういうものをつくるのに、普通はプレス加工を行いますが、プレス加工には金型が必要で、その製造には何百万円の費用がかかり大量生産でないと割に合いません。それを素材に合わせて、手作業と技術力で仕上げるヘラ絞りは、多品種少量生産の分野で大きな可能性があります。

吉持さんは、若い方が、ものづくりの楽しみを知り、熟練の技を身につけ、多様なものづくり技術が発展することが大切な時代だと思っています。新たな連携によるものづくりと「ヘラ絞り」体験の取り組みは大変重要だと感じた取材でした。

（2016年 5月号）

環境浄化や食料問題の解決への貢献をめざしてOKノズルの開発

有限会社OKエンジニアリング（大阪市天王寺区）　松永　大《たけし》さんを訪ねて

有限会社OKエンジニアリングの概要

松永さんは、会社を退職し、1989年に工作機械の設計の会社（有）OKエンジニアリングを設立しました。2000年からファインバブルの研究を始め、八尾の田んぼでバブル（気泡）を発生させ、水質改善を試みる実験を行いました。その中で、マイクロバブル（微細気泡）によって田んぼの水質が著しく改善され、水が透明で美しくなる、水が生き返る効果があることに気づき、以来、ファインバブルの発生のOKノズルの開発に取り組んでこられました。

現在では、各地の大学の研究室や、大企業、海外からの引き合いが多くなり、下請けからメーカーへと発展しました。そして、国の補助金を受けて、さらなる経営発展を進めています。海外との商売を進めるために世界特許も進めています。

中小業者の活動では、天王寺民商の副会長、大阪商工団体連合会常任理事で、経営・自治体対策部長の活動や経営発展と地域経済振興の活動にも取り組まれています。

水が生き返る効果があることを知り、OKノズルの開発

八尾の田んぼでOKノズルの試作品で実験を行い、マイクロバブル（微細気泡）によって田んぼの水質が著しく改善され、水が透明で美しくなる、水が生き返る効果があることがわかりました。以来、ファインバブルの発生OKノズルの開発に取り組んできました。気泡は、もともと生活の中にあります。水

松永大さんと長女の沙智さん

道水の蛇口からマイクロバブルが発生し水がおいしくなる、またビールが泡でおいしくなるなどがあります。こうした自然界で発生し、生活の中に存在する気泡を、OKノズルで微細な気泡（ファインバブル）を意識的に発生させて活用することです。

ファインバブルは、水中の浮遊物を吸着して浮上させることで、また微生物を活性化するので水質浄化の効果があります。気泡である空気を送りこむことで、生物の発育促進の効果があります。［※マイクロバブルとは、径が50マイクロメートル以下の気泡。ナノマイクロバブルとは500ナノメートル以下を呼んでいます。（1マイクロメートルは1ミリの1000分の1。1ナノメートルは1マイクロメートルの1000分の1）］

ファインバブル発生OKノズルの特徴は、ループ流が激しい乱流を多段階的に発生させることで、気体を微細化しファインバブルを発生させます。構造がシンプルで不具合も起こりにくく、既存の装置に

組み入れることができます。また制作費も安く導入しやすい特徴があります。

ファインバブルの力は、①生物を活性化させる（水耕栽培やのり養殖、魚養殖など）、②洗浄力が強い（水浄化、排水処理など）、③浮上分離効果、④省エネ効果、⑤船舶の抵抗低減、排水配管の洗浄で長持ちなど、⑥未知の力（殺菌効果など）の多様な応用があります。現在は、欧米で11カ国、アジアで7カ国と取引があります。大企業からも引き合いがきています。

社会に役立つ製品開発で下請けからメーカーへの発展

ファインバブル（ナノ・マイクロバブル）で水質が変わり、水が生き返ることによって、その効果は多方面に広がってきました。特に著しいのは魚や貝類などの養殖、「養殖のうなぎがどんどん餌を食べて成長する」「海苔は育ち、黒さが広がる」などの声が届けられています。

情報の伝達は１００％がホームページです。朗報を次々にネットで発信し、それがまた反応を呼んで広がって行きます。反応の多くは大学の研究室と大企業など、特に各地の大学からの引き合いが多く、その時は必要に応じて足を運んで実験に付き合っています。研究学会にも参加しています。学会で、ファインバブルの効用についての研究が進んでいます。

植物の成長を早めるファインバブルの効用は、ミニトマト農家（熊本県）、イチゴ栽培（香川県、熊本県、静岡県）などで実用化、同じ面積でも1・5倍の収穫が得られたりします。微生物を活性化させ水を浄化する効用では、マレーシアの川、中国の浙江省の堀、北海道の旭川動物園のカバのプール、釣り船居酒屋など。「魚が元気になった」「ドナウを走るクルーズ船の船底にも活用し抵抗力を下げたい」など、各方面からの効用についての声がだされています。

従業員は、販売・顧客管理を担当する沙智さん（長女）と研究補佐・品質管理・展示担当の大輔さん（長男）です。経理担当予定の美沙さん（次女）は、経理の勉強中です。今後の夢は、「環境浄化や省エネ対策」で、こうした効果を発展させ、社会に役立つ事業活動を進めたいと思っています。

取材の感想：水が生きかえる効果の研究と製品づくりで社会に役立つ事業を展開

松永さんは、最初に八尾の田んぼの実験で水質活性化の効果を見つけ、それ以来、ファインバブル（マイクロバブル）の発生装置の開発に取り組んでいます。ＯＫノズルの開発で、下請からの脱却と高度な技術を活かしたノズルづくりで、日本や世界に事業展開しています。さらに、学会にも参加し、ファインバブルの新たな応用の分野も広げています。

開発から利活用までの厳しい時期もありました。目先の利益第一主義の風潮の中で、自分が研究開発したＯＫノズルは必ず社会に役立ち活用されることに確信と自信をもって進められ、下請けからメーカーへと発展されたことに敬意を表します。

本来の水の持つ力を活用するファインバブル（ＯＫノズル）は、地球が抱えている環境問題や食料問題、エネルギー問題にも貢献できる社会的役割も大きいです。特殊な研究と成果で社会に必要な企業として、後継者づくりをめざし、家族で力と英知を集め、研究・技術・技能の継続発展に今後とも、尽力されることを期待しております。

（２０１７年２月号）

技術を活かして多様な製品づくりとメンテナンスサービス

株式会社近藤溶工（大阪市生野区）　近藤靖人さんを訪ねて

株式会社近藤溶工の概要

１９６５年に父親である近藤義弘さんが生野区で創業。高校の機械科卒業後、専門学校（ＣＡＤ科）で学びながら家業の溶接業に従事。２０１４年に株式会社を設立し社長に就任。今日まで製缶業一筋、社員数４名。経営理念は「共生共繁」。モノづくりを通して、関係者が潤うことで社会貢献をめざします。２０１５年大阪ものづくり優良企業「匠」受賞。２０１６年生野ものづくり百景へ選出される。

…リーマンショックとそれ以降、どのような経営をされてきましたか

「リーマンショック」の影響で仕事がなくなり、大打撃を受けました。営業に回って「仕事をください」とお願いすると「こちらこそください」と言われました。先が見えない状態が数カ月続きました。当時、受注単価は崩壊していて、私どもも安受け連鎖の中に巻き込まれました。結局、仕事がないため、関東でアパートを借りて大手製鉄所の炉の修理をしました。仕事を通じて大手製鉄所が進めるマニュアルというものを勉強しました。仕事先のシステム、安全基準などです。今まで自社になかった大手企業のすぐれた仕事の進め方を取り入れていきました。私どもは小さい工場ですが、少しずつ大手さんがやっているノウハウを独自に取り入れ、仕事の改善を続けました。その結果、数年経ってから「うちの仕事をしてくれたら」と言って評価してくれるお客さまと出会うことができました。

…御社の特徴は何ですか

一つは、お客様が求める内容にそって、図面の設計、製品の製作から取り付けまでワンストップで行っています。わからないことばかりですが、一つひとつ仕事の範囲を増やしていくことで、受注の範囲は広がりました。例えば、いままで3カ月で一つの仕事が完成していたものについて、自社がする仕事は2週間だけでしたが、だんだん仕事をする日数が増えていきました。

近藤靖人さん

これまでの未経験の仕事へのリスクはありますけれど、正直に「実績はありません、勉強させてください」と言ってお試し価格のように最初はしますが、それが実績になって仕事が広がっていきます。

二つ目がメンテナンスサービスです。業界では、新しい工業炉の生産は減少していますが、補修や改修、リフォーム工事の需要は多くあります。特にこの分野の仕事は、小回りが利く機能性、工場の生産を止めずに修繕できるなど、小企業の方が便利だとお客様に知っていただくことで仕事も増えました。

三つ目は、企業の体質改善に取り組んでいます、経済産業省の補助金「ものづくり補助」を活用して設備を増強しました。「エコアクション21」を取得したこともお客様のニーズに対応でき信頼と期待を引き寄せるきっかけになったと思います。

…社員教育から取引先からの信頼を高めておられるようですが、

社員には、一作業員にならないように、お客様と会話するような教育をしています。お客様と話すことによって時には叱られる、恥ずかしい思いも経験する。社員は失敗の中から気づくことがあると思います。上手にコミュニケーションを取れるようになり、お客様に安心感を持ってもらえれば商売に活きてきます。お客様から「今、ここが足りなく困っています」と気軽に相談にされるようになると、社員が頼られることでモチベーションも上がり、お客様からも「ここやってほしいけど」とか話が進み、仕事の受注へとつながっていくのを経験します。

…今後の事業展開に対する抱負について

自社が持つ施工技術や設備は限られているため、仲間とのネットワークが不可欠です。通常、案件の見積段階から協力して頂いており、打ち合わせや調整に多くの時間がかかります。お客様の求める仕事が難しいほど、いっそう綿密な打ち合わせが必要となりますので、分業した生産のため、技術共有できるような仲間取引のシステムを考えています。次の営業の目安として、少しでも安い業者を探そうとするところより、私どもが持っている機能性や急要請にも即対応できる強みを評価してくれる取引先を見つけていきたいですね。大きく言えば、リーマンショックの経験がありますから、不況があっても対応できる頑丈な会社にしておきたいです。

いま考えているのは、オリンピックの後の景気がどうなるかです。オリンピックの後は多分作るものがなくなって、またリーマンショックのようなことが起こるかもしれません。その時にどの仕事が残っているかと考えます。５年先を考えると絶対安定した内需関係の仕事を3割はもっておきたいと思います。

地域とのかかわり

創業して53年目、地域の主みたいになった感じです。回りの工場が出て行き、住宅や老健施設、マンション、コインパーキングに変わりました。会社の回りが住宅になってきているので気をつかいます。例えば、早朝にトラックで出張に行く時は静かに出て、深夜に帰ってくる時はそっと帰ってきたりします。トラックへの積み込み時に振動や道路状況に気をつかうことばかりです。

私どもは、年2回、地域のまつりで地車の休憩所として地元の人に朝から工場を開放しています。みんなでお酒を飲む会話から人の輪が広がり、地域の人に私どもを面白い会社だと知ってもらい、新しい繋がりも出てきています。

取材の感想：経営危機の中、業界の変化に対応した新たなものづくりで発展

近藤さんは、リーマンショックで新しい工業炉の製作は減少したが、補修や改修の仕事を開拓しました。小まわりのきく小企業の便利さなどで仕事を増やし、経営を維持しています。今後とも、新たな仕事へのチャレンジと理念である「共生共繁」にこだわって、経営を発展されることを期待しています。

（２０１８年５月号）

【卸・小売業関係】

いいものを販売、おいしくて、新鮮なものの提供にこだわって

旬野菜 おかげ屋（高石市）店主　又野祐治さんを訪ねて

旬野菜　おかげ屋の概要

１９６０年代から父親が電気店を始めその商売を引き継ぎました。電気製品は大型店で安く販売され経営は大変きびしい現状でした。１９９３年に、お客さんのニーズにもとづいて、自分の思いで好きに商売できる新鮮でおいしい野菜の販売業に魅力を感じて「旬野菜おかげ屋」を開業し、10年前からおいしい野菜ジュースとコーヒを提供する「おかげ屋のとなり」を営業しています。地域に文化をと「おかげや寄席」の地域寄席も行っています。

電気店から旬野菜販売の店へ転業―電気屋から新鮮な野菜を提供する店へ

父親が電気店を始めその商売を引き継ぎましたが、大型店で安く販売され、修理やアフターサービスのみが回ってきて経営は大変きびしかったです。商店街のイベントで、和歌山の知り合いから新鮮な野菜を仕入れて販売していました。お客さんから、新鮮な野菜の販売を続けてほしいとの要望も多く、お客さんのニーズにもとづいて、自分の思いで好きに商売できる新鮮でおいしい野菜の販売業に魅力を感じて思い切って転業しました。

「おかげ屋羽衣店」は、火・木・土曜日に営業し、となりの喫茶店「おかげ屋のとなり」で、新鮮な野菜ジュースとコーヒーを販売し、八百屋と喫茶店が連携して地域で商売をしています。月・水・金曜日は「おかげ屋加羅橋店」（南海高師浜線の加羅橋）を営業しています。双方の店のお客さんのニーズに合わせて商売を行っています。

新鮮な野菜を、野菜ソムリエが提供

野菜の仕入れは、毎日、和歌山へ行き、12～13軒回って、季節のもの（イチゴ・みかん・桃など）をプラスして仕入れました。和歌山は、母が岩出の出身だったので、野菜を作っていた、いとこに紹介もしてもらいながら仕入れていました。現在は、数のそろわないものなどは、JAや市場でも仕入れています。

野菜は、お客さんとの関係で商売できる魅力があります。商売は、お客さんのおかげでやらしていただいていると思っています。

野菜のお店は、野菜のソムリエ（おもてなし・食べ方など）が販売しています。お店は、コンテナ販売方式で一日1回転、花も少し置いています。お客さんに、こんなものがほしいとか、こんなものはないかと要望されたものを次々に拡げてきました。

品ぞろえ中心ではなく、いいもの、おいしくて、新鮮なものの提供にこだわって

こだわりは、農家にいいものを作ってもらう、いいものを育ててもらい、いいものをお客さんに買ってもらうこと。現在、レストランも、いいものを少量農家から仕入れています。農家から買うものは、売るものではなく、自分のところで食べるために作ったものをわけてもらうようにしています。品ぞろえ中心ではなく、いいものを販売する。おいしくて、新鮮なものを提供しています。

おかげ屋のとなり

おかげ屋の隣で「おかげ屋のとなり」と名付けた喫茶店を営業しています。おかげ屋で通勤客向けに、「新鮮な野菜のおいしいジュース」を販売していたのですが、10年ぐらい前、隣が空いたので借りて喫茶店を開業しました。朝8時から開店し、コーヒーカップもいろいろな器を購入しました。おかげ屋も「おかげ屋のとなり」もおしゃれなお店として営業しています。

八百屋と喫茶店を楽しく商売をさせてもらっています。楽しかったら人も集まる。地域に密着して商売をしている。お店を「ものを買う場から、楽しさをもらう場」にすることをめざしています。

おかげ屋豆助の芸名で高座に上がる又野さん

その中で、いろいろな相談も出される場になっています。商店街の役員として、年に3～4回イベント（もちつき・七夕など）に取り組んでいます。

「おかげ寄席」を開催―地域寄席で文化を発信

6年前から「おかげ寄席」を年3～4回開いています。参加費2000円、30名限定のお客さんで行っています。15名ずつ隣の「おかげ屋のとなり」でコーヒーを飲みながら交代で行っています。「おかげ寄席」は、現在18回目を迎えています。又野さんは「おかげやまめ助」の芸名で高座に上がります。

取材の感想：楽しければ人も集まる、と地域に密着

毎朝一番、農家にいって新鮮なものを仕入れ、いいもの、新鮮でおいしいものを販売されています。「おかげ屋のとなり」と名付けた喫茶店は、朝8時から開店し、新鮮な野菜のジュースを販売、八百屋さんと連携したお店です。コーヒーカップもいろいろな器を購入しています。旬野菜おかげ屋と隣の「おかげ屋のとなり」の喫茶店もおしゃれな、くつろげるお店を経営し、お客さんに憩いの場の提供を行っています。

お客さんのニーズにもとづいて、楽しく商売をしておられます。楽しかったら人も集まります。地域に密着して、お店を「ものを買う場」とともに、「楽しんでもらう場」として提供しています。おいしいものの販売と憩いの場、いろいろな相談の場として、食と心の豊かさをも実感できるお店です。今後とも、地域を豊かにする商売の発展を期待しています。

（2014年11月号）

よく睡眠でき、健康で安心して暮らせる商品とサービスを提供
ふとんのマルイ：井川達也さん（貝塚市）、ふとん工房夢綿輔《ゆめわたすけ》：井川大輔さんを訪ねて

ふとんのマルイ：井川達也さん、ふとん工房夢綿輔：井川大輔さんの概要

ふとんのマルイ井川達也さんは、1980年に岸和田市で創業し、羽毛ふとん・綿ふとん仕立て・修理・販売、リフォーム（打ち直し）、リフレッシュ（水洗い）、ふとんのリース、その他泉州地域の国産タオルなどの販売や震災支援のための刃物研ぎなどの多様な事業を行っています。

2代目のふとん工房夢綿輔の井川大輔さんは、ふとんのマルイのオーダーメイドの綿ふとん専門店としてふとん製造、リフォーム、座蒲団製造を行っています。技術にこだわり、日本一の寝具制作の技術者に弟子入りし技術を磨き、2010年に、「一級寝具制作技能士」を取得し、「一級技能検定大阪府知事賞」を受賞しています。親方と「ちちんぷいぷい」にも出演しました。

遠い国から安いものさがすより、今あるものを大事にしましょ！［ふとんのマルイ］

バブルの繁栄と崩壊、成熟の時代に前向きにチャレンジ

井川達也さんは、寝具販売、嫁入りふとんなどを宣伝しながら販売しました。創業当時は、バブル期で、高級品が大量に売れる時代でもあり、量販店にも負けない状態でした。また、結婚式に無料でふとんを貸していましたが、「ただで貸していたら相手に気をつかわしてしまった、それやったら1900円で代金もらおうか」と思って、ふとんのリースも商売になると思い始めました。地元の方と関西国際

空港建設の作業員の方のふとんリースなど大変な利用がありました。しかし、バブル崩壊と関西国際空港の工事終了と共に、一気に売り上げは減少しました。

現在は、貝塚市に移転して販売より加工に力を入れて、羽毛ふとんを修理・綿ふとん仕立て・販売、リフォーム（打ち直し）、リフレッシュ（水洗い）、ふとんのリースをしています。また、友人に頼まれ、泉州の「名物わけありタオル」「10円で名前入れます」も販売しています。そして、震災支援のための刃物研ぎなど、地域密着で人のつながり、ネットワークを活かして多様な事業を行っています。

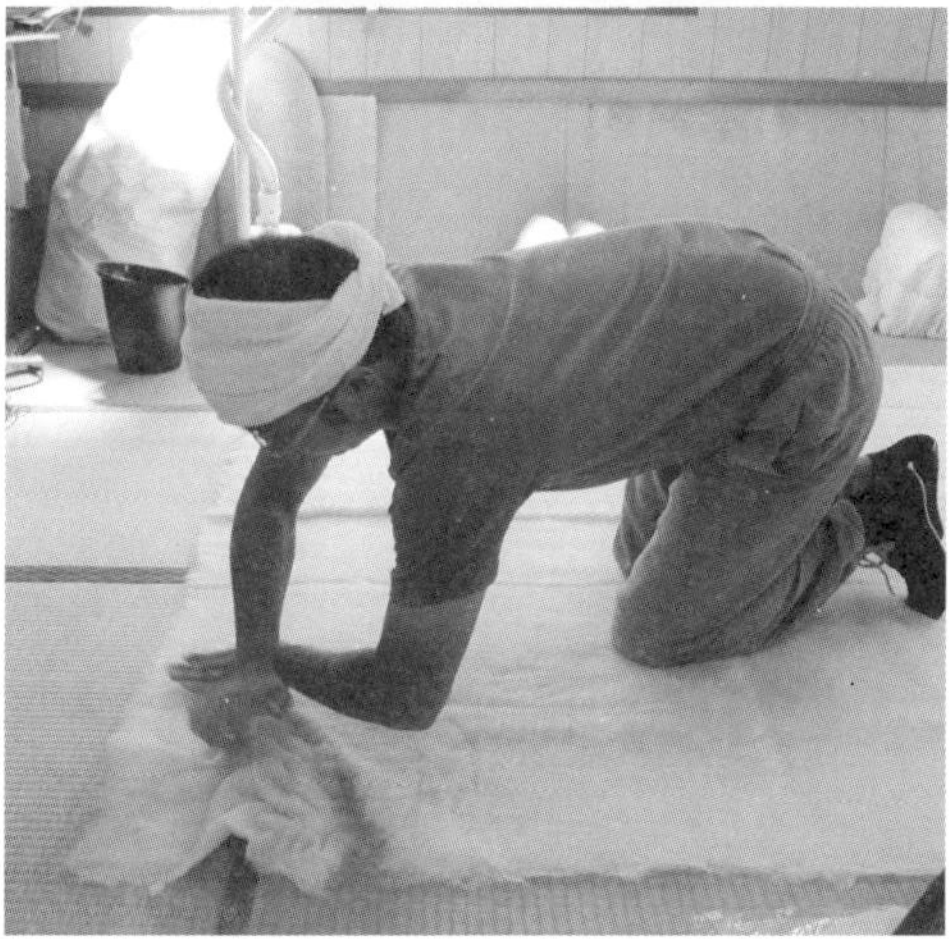

井川達也さん（上）・大輔さん（下）

「おっちゃん、ええ人やなあ」と言われ、頼まれたらいやと言えない性格、前向き志向で、いろいろな商品販売にもアイデアを活かしチャレンジ精神で多彩な事業を展開しています。

「遠い外国からの安いもんさがすよりも地域に今あるものを大事にしましょう」と、修理、リフォーム、リフレッシュ、ふとんのリースなどと、お客さんと長くお付き合いできる「ゆりかごから墓場まで」と事業経営を進めています。

いい夢が見られる助けになるふとんづくりを　ふとん工房夢綿輔
お客様の思いのこもったふとんを預かり、手をくわえさせていただくものづくり

息子で2代目の井川大輔さんは、技術にこだわり、日本一の寝具制作の技術者に弟子入りし技術を磨き、「一級寝具制作技能士」「一級検定大阪府知事賞」を受賞し、現在も親方の元で技術の習得を行いながら事業を進めています。

◇

「ふとん工房夢綿輔」と名付けたのは、寝ている時に、「いい『夢』がみられるよう、『綿』のふとんで皆さんのた『すけ』になりたい」との思いからです。日本文化であるリフォーム（打ち直し）は機械ではなく当店では人の手で仕立てています。「お客さんにふとんの中綿を見て頂き、状態を説明し、納得していただけるようにご相談させて頂いております。それがプロの仕事だと思います。また、思い出のふとんや着物をどうしても捨てられない思い出のつまった品をお預かりし、ふとんや座蒲団などに、仕立て直しもさせていただいております。こうしたことで、「ゆりかごから墓場まで」ふとんを作ることで長くお付き合いさせていただいています」。

ふとんと人の付き合いは長いものです。生まれてから亡くなるまでの人生の3分の1がふとんとのお付き合いです。しかし、ふとんの中身が見えないこともあって、ポリエステル製の安いものが売れたりします。ふとんの良さは、5年、10年つかった時にわかります。

ふとんは生まれた時からずっと一緒に暮らしていますが、その役割・効用などはあまり語られません。そうしたことを発信することも大切だと思います。

◇

ふとんを長持ちさせ、健康で暮らすためにも、メンテナンスが必要です。人は、寝ている時に毎日コップ1杯の汗をかきます。定期的なリフレッシュ（水洗い）やリフォーム（打ち直し）が大切です。店には、羽毛や綿が何年でどう変化するかがわかる見本や、綿の敷布団向きと掛けふとん向きなどが分かるようにして、ふとんの中身が見えるように取り組んでいます。

商売を伸ばすために、技術にこだわっていいものを作ることも大切です。同時に、いいものを知ってもらう宣伝も必要だと思っています。インターネットやチラシ宣伝で新たなお客さんを増やしていく取り組みもしています。

取材の感想：時代に対応して商売、2代目は技術にこだわり

井川達也さんは、バブルと崩壊、成熟の時代の中で、多様に前向きにチャレンジして事業を展開してこられました。

2代目の井川大輔さんは、成熟の時代、いいものが売れる時代になると確信されています。そこで、技術を磨きあげるために、今なお、日本一の技術者のもとで技術習得にひたむきに励んでおられます。

この親子2人の事業のスタイルを見ると、時代の変化、社会の変化とともに事業を展開されています。ふとんは使い捨てと言われる時代を変えるためにも、リフォーム（打ち直し）、リフレッシュ（水洗い）

などで、お客さんに喜んでもらえる、健康で暮らせる、ふとん作りをめざしています。また、地域密着で、お客さんと対話して納得してふとん作り、仕立て、打ち直し、水洗いなど、よく睡眠でき、健康で安心して暮らせる商品とサービスを提供することに心がけておられることは大切です。

人間の健康と直結したふとんに対するこだわりは、地域の中で、持続的に発展することだと思っています。今後とも、親子で事業発展に尽力されることを願っております。

（２０１６年11月号）

東大阪市の産業集積のメリットを活かした商社経営

有限会社タカギシステム（東大阪市）　髙木潤治さんを訪ねて

有限会社タカギシステムの概要

有限会社タカギシステムの髙木潤治さんは東大阪市でスピンドル、スライド・ボーリングユニット、精密機械加工部品、冶工具、省力化機械装置の製造販売を行っています。

髙木さんは、長年勤めていた機械工具関係の商社を１９９０年４月、55歳定年より前の47歳で退職して商社を開業、現在73歳。４人の家族経営。仕事は大手企業から仕事をいただき、東大阪の中小企業を中心に部品加工などを行ってもらっています。東大阪市の産業集積と連携して、集積のメリットを活かした商社経営で経営発展を進めています。

髙木さんは、商社の勤務時代は、最初は工具卸、次に、スピンドルスライド、そして専用機の販売を担当しました。専用機は、一つの機械で完成させる設備で、大量生産時代は専用機が花形でしたが、オイルショック後は、専用機からマシニングが主力になる時代となってきました。こうした経験を活かし開業しました。

営業の指針は、「コストダウンに貢献」を目標に、「あらゆる新分野の省力化、自動化にチャレンジ！」をテーマに、省力化装置・専用機・精密機械加工部品を品質的に経済的に、そしてまた納期的により満足いただけるものの提供をめざしています。また、カッターユニット・スライドユニット・ボーリングユニットや油圧・空圧シリンダーの代理店業務を行っています。

東大阪市の産業集積の活用で経営発展

勤めていた勤務先の商社から、取引先には手を出さない条件で開業しました。しかし、後任の担当があまりよくなかったので、3年後に、元勤務先の商社で担当していたお客さんから電話が入り、取引するようになったところもあります。当初は、お客さんの要望にもとづいて、専用機を設計・製作していました。しかし、リーマンショック後は、企業の設備機械が専用機からマシニングへさらに大きく変化しました。

高木潤治さん

専用機の需要の縮小、設計から製作まで期間が長く単価が大きいため手形決済など現金化が遅い上、支払いは即という取引形態での資金が長期に滞留する資金回転の遅さ、修理・修繕の費用やＰＬ法問題のリスクなどがあります。このまま専用機主体の事業経営を続けると倒産するのではと思いました。

その時から、汎用機の販売と部品加工の販売に切り替えました。部品加工は金額が少額になり現金取引になり、資金が早く回転し資金対応も楽になります。また東大阪の製造業の多くが、3次・4次・5次下請けが多く、大企業の下請けとして加工を行っており、品質・精度の高い加工・短納期に対応できますが、単価は安い特徴があります。そうした利点を活かすことで他社より安く、品質・精度の高い加工・短納期に対応できます。また、こうした製造業を活用することでお客さんの要望に何でも対応する経営を進められます。

取引先との話や新規の取引先を開拓するときには、東大阪市には6000社の製造業企業があるという宣伝文句を言えることが強みとなっています。また、品質・精度の高い加工、短納期に対応できるメリットを活かし、単価は分単位で提示しています。現在60社と取引があり、東大阪の産業集積の強みを活用して事業経営を進めています。

東大阪市の産業集積のハイテク化、中小企業への拡大が必要では

東大阪金属加工グループ（ＨＩＴ）に参加して金属加工中小企業との交流を進めています。

東大阪の産業集積は、古い設備で高度な技術で精度のあるものをつくるローテク企業が多いです。こうした職人企業の役割も大きいですが、大企業の要望に対応するためには、ハイテク設備の中小企業の割合が多くなることが必要です。

特に、最近は高度な加工が多くなり、三次元測定機などでの検査も必要になっています。納品には、検査表をつけて納品するなど、高度な精度と品質が求められています。

部品加工では、東大阪で加工先が見つからなければ、府外の中小企業にも発注しています。東大阪の

製造業と府外の企業との違いは、府外はハイテク整備もあり一企業ですべての加工ができますが、東大阪の場合はこの部分だけで次の工程は次の工場でと何度も移動しなければならない、手間のかかる問題もあることです。東大阪の中小企業の一カ所に発注すればそこでネットワークを活用して加工してくれるとありがたいと思います。もう一つは、ローテク設備の中小企業の割合が多いところを、ハイテク設備の中小企業の割合を高めることによって東大阪の製造業の魅力も高まると思います。ハイテク設備の中小企業と、ローテク設備だが高度な加工技術をもつ職人企業の双方の存在が必要です。

取材の感想：商社機能拡大を

関西・大阪の産業集積は、商社・問屋の仕事を受けることで多様な加工に対応していた後に、大企業の下請構造ができました。今、大企業が海外展開などで下請構造が空洞化していますが、もともと存在していた商社・問屋の発注機能を拡大して、地域の中小企業の仕事を増やすことも重要です。商社・問屋の発展と産業集積の発展をめざす双方向に発展が必要ではないでしょうか。

設備投資は、儲かってからするという方が多いと思いますが、例えば、小売店や飲食店などは設備をきちん整えてから開業します。製造業も同じではないでしょうか。また、発注側は設備と技術・品質・納期など対応力を見て発注します。設備を高めることで中小企業の魅力が高まり仕事も増えます。事業計画をもとにした積極的な経営も大切だと思います。

（２０１７年５月号）

大阪泉州ブランド豚・犬鳴ポーク「美味しい肉」を育てて提供

有限会社関紀産業（泉佐野市）川上幸男さんを訪ねて

有限会社関紀産業の概要

川上さんは、養豚農家を経営しています。泉佐野市の農家で育ちましだが、友人の養豚場を見て、将来は養豚をしたいと農業高校で学び、三重県の養豚場に勤め、１９７３（昭和48）年に創業、初めの18年間ぐらいはトウモロコシ中心の配合飼料を使っていましたが、地元の近隣の食品工場から出る食品の残り物、残飯などの地域の資源を活用して、独自の製法でつくった飼料は、大阪泉州のブランド豚の「美味しい肉を仕上げて提供する」、あっさりとして甘味のある脂質を実現し、養豚から販売まで行い、「大阪産《もん》ブランド」として、地元での直売、地元のホテルや旅館、お店、大阪市内のお店での販売などに広げています。現在は、2代目と従業員5名とパート数名で事業を行っています。

養豚農家に魅力を感じて開業、友人の養豚をみて将来は自分もやりたいと

川上さんは、学生時代に友人の養豚農家を見て、将来は自分もやりたいと思い、農業高校で学び、三重県の養豚農家に３年勤め、１９７３年に泉佐野市上之郷で開業しました。

地域の資源を活用した飼料づくり

最初は、トウモロコシ中心の配合肥料を使っていました。日本の豚の飼料の自給率はわずか約10％で、

川上幸男さん

大半を輸入しています。ほとんどの養豚農家は、輸入した穀物などでつくられた飼料を購入しており、外国産に依存しているのが現状です。これでは、外国産の安い肉に負けてしまうと思いました。

川上さんは、都市近郊という立地条件を最大限活用し、約20年前から、自家製エコフィード（リサイクル飼料）の研究を重ねてきました。近隣の食品工場から出る食品の残り物（パン・うどん・麺生地・パスタ等）や、給食センター・ホテルなどから出る残飯（ごはん・野菜類）など、毎日約5トン回収し、食品乾燥機及びボイルタンクでの加工・加熱殺菌を経て、自家配合飼料を製造しています。

独自の製法でつくった飼料は、油が少なく、低タンパクに仕上がります。エコ飼料を食べることにより、甘味のある脂質とサシの入った赤身が特徴の肉です。

また、年2回全大阪養豚農協が開催する肉質研究会には第1回から参加し、他のエコフィード養豚仲間と切磋琢磨しながら、さらなる肉質向上をめざしています。

大阪・泉州ブランド豚・犬鳴ポークを地元・大阪・全国に発信
時間をかけて飼育し、美味しい肉を仕上げて

豚は通常生後6カ月で体重が約110キロ以上に成長し出荷されます。飼料代が経費の6割以上を占めてしまうため、短期間で大きくなるような品種や飼料を選択することが、利益を得るための優先事項になっています。川上さんは、エコフィードを利用することにより、飼料代を軽減し、他農場では有り得ない8カ月という長期肥育を可能にしました。この2カ月間を「美味しい肉を仕上げる期間」と題し、小麦類（パン・うどん・麺生地）を中心としたメニューの飼料を与えることで、あっさりとして甘みのある脂質を実現しました。他の豚肉では味わえない〝白身〟を賞味できます。

消費者と生産者をつなぐとりくみ

現在、大阪の養豚農家は7戸です。また、ブランド豚を提供しているのは2農家のみ。２０１2年からは泉佐野の酒蔵、野菜農家、おむすび屋などと泉佐野酒蔵ＢＢＱ実行委員会を結成して月1回酒蔵バーべキューを開催し、生産者と消費者が触れ合う場として活動しています。

大阪産《もん》（大阪・泉州ブランド豚）を地元・大阪・全国に発信

現在は、大阪産《もん》ブランドとして、犬鳴豚本店、田尻港日曜朝市、ＪＡいずみの、葉菜《はな》の森、ＪＡ大阪泉州こーたり～なや、地元のホテルや旅館、お店、大阪市内のお店、通販での全国販売などに広げています。泉州特産の水ナスとともに大阪・泉州ブランド豚・犬鳴ポークを販売しています。

取材の感想：地場資源の活用で環境対策と泉州ブランドを発信

川上さんは、地元の資源である食品の残り物・残飯を活用し、自家配合飼料を製造したエコフィードを利用することで、長期肥育を可能し、「美味しい肉を仕上げる期間」として、あっさりとして甘味のある脂質を実現し、大阪産《もん》ブランドとして飼育から販売までしています。

日本の食糧自給率が40％以下と低い上、アメリカとともに、世界でもっとも食料の廃棄が多い国です。川上さんの、地域にある食品残さ等を活用し、環境に優しく栄養源に高い飼料づくりは、食料自給率向上と食料の廃棄低減の両方に役立つ活動です。

地域資源の活用と独自の自家配合飼料づくりと飼育でおいしい肉づくりを行い、大阪泉州ブランド豚・犬鳴ポークを地元大阪・全国に販売しています。こうした活動は、農家活性化と地域の元気さ発信につながる事業だと思います。

（2017年 9月号）

［飲食サービス関係］

おいしいランチと居心地のいい憩いの場を提供して半世紀

喫茶合歓木《ねむのき》（大阪市淀川区）　田村忠司さんを訪ねて

三角屋根のおしゃれなお店

喫茶合歓木は、阪急宝塚線三国駅と地下鉄御堂筋線東三国駅のほぼ中間の大阪市淀川区西三国にあります。阪急宝塚線三国駅で下車し、地域に根差した商店街「サンティフルみくに」のアーケードを通り抜けた住宅街の中に、クリーム色の板塀で囲まれて三角屋根のおしゃれな建物がありました。友人の一級建築士の「かならず繁盛する店にする」との情熱にほだされて設計をたのみました。1972年、母親が経営するたばこ店の隣に、現在の「喫茶合歓木」を23歳で開業しました。当初は「鉄板焼き」を始める予定でしたが、隣に「お好み焼店」が開店したので。喫茶店にしたとのことです。

お店のインテリアのこだわりも感じ、壁面には絵が飾られ、濃茶色のソファーに間接照明と、落ち着ける雰囲気を醸し出しています。テーブルには花が生けられ、テーブル席とカウンター席合わせて30席です。忙しい昼時は娘さんに手伝ってもらっていますが他の時間帯は田村さんと奥さんの二人で賄っています。営業時間は朝8時から午後6時まで、定休日は日曜日です。

会社社長の要望ではじまった日替わりランチ

開業当時は、オムライス、ピラフ等の軽食でしたが、ある時、近所の会社の社長さんから「社員用の昼食メニューを考えてほしい」との要望があり、3年後からは「日替わりランチ」を出すようになりました。

当時、この近くには従業員数6000人のアルミニウム加工工場がありました。阪急三国の駅はこの会社の従業員のために造られ、通勤道路が商店街なったと言われるほどの賑わい、この会社に関連した中小企業が集積した地域だったそうです。

働く人への「日替わりランチ」の提供で、店は「社員食堂」のようでした。毎日のメニューを考えるのも大変です。今日は、魚の白身フライだったら、明日は肉料理、明後日は他人丼などのメイン調理に、酢の物やヤッコ豆腐など小鉢2品に味噌汁を付けて、毎日食べても飽きないように工夫を凝らしました。現在も「日替わりランチ」は続いています。700円（プラス200円でコーヒー付）で、11時45分からですが、午後2時ごろまでには売り切れてしまいます。

田村忠司さん

地域が求める必要なサービスを経営の基本に、働く人、地域住民、仲間たちに支えられながら繁盛しています。

ゆったり過ごせるくつろぎの場として

20年程前に、近くにあったアルミニウム加工会社は移転してしまい大規模商業施設に変わりました。関連していた中小企業も縮小して産業構造の変化が進んでいます。生産人口といわれる若者や壮年層が減少して、まちは高齢化が進んでいます。

店は、ランチタイム以外の時間でも、地域の方々の交流・くつろぎの場として利用されています。健康のための早朝散歩のゴールを店にして、「モーニング」を食しながら仲間たちとの談笑を楽しみに来られる方もいます。高齢者のグループの集いの場でもあり、家族のこと、健康のこと、スポーツなどを話題に楽しい時間を過ごしています。時には、田村さんも奥さんも楽しい会話に入っています。

現在のお店のお客の中心は、女性の高齢者の方です。地域に足りないコミュニティの場の提供になればよい、楽しみながら商売ができたらよいと思って経営しています。

取材の感想：地域社会の暮らしに役立つサービス提供…商売の基本にもとづいて

近くの会社の従業員用に工夫した「日替わりランチ」と、地域住民に居心地のよいコミュニティの場を提供して半世紀近く、「喫茶合歓木」は地域の人々にとってもなくてはならないお店として信頼され、田村さんご夫婦も頑張って来られました。

田村さんの「喫茶合歓木」の経営方針、営業姿勢は、地域社会が時代とともに変化しても、地域社会に必要なもの、役立つもの、求められるサービスに応えるという商売の基本にもとづいていると思います。地域社会の必要性に合致してこそ持続的に商売は続けられます。また、地域社会やお客さんから喜んでもらい、感謝していただいてこそ、事業経営の喜びとなります。利益は、その中からあればいいのではないでしょうか。

昨今、利潤第一主義が蔓延し、「儲かるか儲からないか」「得か損か」だけで判断されることが多くなっています。人間関係にもこれとよく似たことが起こっています。殺伐とした社会になっているのではないでしょうか。人間の暮らしは、コミュニティがなければ心の豊かさもありません。人間は、集団の中でこそ心豊かに暮らせることも生きがいになります。

「経済学の父」といわれるアダム・スミスの「神の見えざる手」（国富論）は有名です。「自由に行う商売で経済は発展する」として市場原理を説明しているようですが、彼は『国富論』の前に発表した『道徳感情論』では、「経営者はモラリスト」として、富者の富は貧しい人にも公平に分配し、社会に役立つことを前提としなければと述べています。

モラリストでない方が多くて、市場原理だけでは、「格差と貧困」「環境破壊」「様々な社会問題」などを引き起こして社会はよくなりません。

今後の社会は、成長の時代から持続的な発展の時代となり、「社会に必要なものとサービス提供」が求められる方向に変わっていくべきだと思います。

田村さんは、経営の基本にもとづいて、社会に必要なサービスを提供しておられます。その輪を広げるために、持続的に経営を発展させることを心から期待しています。

（2020年5月号）

元気に働き暮らす、市民の癒しと交流の場を提供して

居酒屋かっちゃん（大阪市福島区） 門田勝子さんを訪ねて

居酒屋かっちゃんの概要

ＪＲ福島駅から徒歩で2～3分のビルの1階に飲食店が並んだ奥にあります。１９９３（平成５）年に、八百屋さんから独立して、友人がしていた居酒屋を引き継ぎ、店の名は本名「勝子」を使い、「居酒屋かっちゃん」として開業しました。お店は、カウンター席9席（現在はコロナ禍対応で5席）の家族的な雰囲気のお店を門田さん一人で切り盛りしています。営業時間は、午後5時から午後11時30分まで、定休日は日曜日です。

なんでも話し合える場の提供をめざしています

居酒屋を開業した時は、以前からのお客さんを引き継いだので、その雰囲気を残して営業していましたが、徐々に自分のカラーを出し、自分の身の丈にあった方法でなんでも本音で語り合えるお店にしました。お客さんからは、「八百屋時代と変わらんな！」と冗談を言われるなど、気軽な対話のできる雰囲気が合ったお客さんが常連になり、そのお客さんが新しい方を誘ってきていただき、常連さんが増えました。

お客さんはいつも同じ席に座って、ゆったりとお酒を飲み、気持ちがほぐれ言葉が滑らかになると、ママやお客さんとの対話を楽しんでいます。私もズケズケと思ったことを言っていると、お客さんから「口を動かさずに手を動かして！」と合いの手をいれられたりしながら、和やかな対話がはずんでいます。

年配の常連さんは会社で出世すると、言いたいことを胸に抱え込んで、安らぎを求めてここに来ます。その時は、厳しいことも言ったりして本音で向き合います。

また、若い人は彼女や彼氏を連れてきて感想を聞かれたりします。自分の思いはほぼ決まっているが背中を押してもらおうと助言を求めていると感じたら、本音で感想を伝えたりしています。

突然のコロナ禍で営業環境が激変

福島地域は、新しい店も増え、ふたたび元気な地域になってきた矢先に、今回のコロナ禍です。

居酒屋かっちゃんも、コロナ禍で、約1カ月（4月から5月）休業し、5月18日から、時短営業と9席あったカウンター席を5席にして、お客さんの間隔を広くして再開しました。そのために、1日に5人は来られたらいいほうです。お客さんは当分は常連客中心で、安全なお店経営をめざしています。

休業時に冷凍食品も含めて全て廃棄したため、事業再開には一から買い揃えました。また、お箸やおしぼりは使い捨てに替え、タオルはペーパータオルに変更しました。消毒液も設置、他にも細々した出費が多く資金が足りません。民商に相談に行き、緊急小口資金と休業要請支援金がようやく入りました

門田勝子さん

がすぐ底をつきました。持続化給付金や特別定額給付金はなかなか届かなかったりして家賃や経費の支払いで苦労しながら、お客さんから「頑張ってや！」と励まされながら商売をしています。「困っているのはみんな同じ」と、近所のお店に「民商に相談に行こう」と声をかけたり近況を聞いたり、地域のみんなが商売を続けられるように励まし・助け合って頑張っています。

何もしない大阪市に怒り—大阪市との懇談に参加して

6月2日に大商連（民商）と大阪市の懇談があり、コロナ禍でこんなに大変な時だから、大阪市が独自の支援策を検討しているだろうと思い参加しました。

しかし、市独自の休業補償はしない方針とのこと。「商売をやっている以上最後は自分の責任だと思ってきたが、コロナ禍など誰が予想できたでしょうか。常連さんに励まされながらなんとか営業を続けていますが、この状況が長く続けば商売を継続できないのではと思います。地域のお店や飲食店もみんな苦しみもがいています。「大阪市は溜め込み金もたくさんあるのに、なぜなにもしないのか！」と怒りをぶつけました。市民の憩いの場を提供している商売人の経営を守るための支援をしていただきたいと考えています。

取材の感想：市民が癒され元気になる場の役割を継続して

門田さんは八百屋時代、小売市場の役員さんから「八百屋は、お客さんの日頃のくらしや家族のこと、野菜のおいしい食べ方など、お客さんとのコミュニティがあってこそ商売できる」と教えられました。こうしたノウハウを居酒屋で活かし、お客さんにとって、「酒はコミュニティのための潤滑油。酒を飲むことで心を開き、日頃のストレスを発散し、楽しい会話や交流で元気になり、明日からの活力になります」と話されました。

当面は、コロナ禍対策で、席数を減らしてのきびしい営業が続くかもしれませんが、こういう時だからこそ、居酒屋かっちゃんのように、ストレス解消、心からなごめるコミュニティは必要です。今が頑張りどころ、コロナ禍の苦境を乗り切り発展されること期待しています。

（2020年10月号）

コロナ禍でもお客さまに安心・安全で美味しい料理の提供をめざして
「食と酒」居酒屋かるだん（大阪市中央区日本橋）五十嵐明子さんを訪ねて

長年の夢　好きな飲食店を開業

五十嵐さんは、2015年10月に大阪市中央区日本橋、裏なんばといわれる繁華街で開業しました。

学生のアルバイトの時からいずれは飲食店を経営したいと思っていました。勤めたラウンジを引き継ぎ経営しながら、昼間に産業創造館の「飲食虎の穴」で研修を受けその後も交流、また、アルバイトで10年間に10カ所程度のお店でいろいろな料理を学びました。また、病院専属の喫茶店を経営し、病人のための食事も身につけました。

五十嵐明子さん

現在のお店は、大手電機メーカーを定年後夫婦で経営していた方からやってもらえないかと言われ、ラウンジを廃業して飲食店を開業しました。

こだわりは、「安心して飲める価格で安心・安全に、美味しい食事が食べたいニーズに対応」することです。これをめざして、食材の質と新鮮さにこだわり、毎日契約の魚屋さんから新鮮な魚を仕入れ。お肉や野菜も産地や等級にこだわっています。

また、独自ルートで沖縄のアグー豚を仕入れるなど独自のオリジナルメニュー。その他にも出汁をきちんと取った煮物など、約１００種類ほどの豊富なメニューを提供しています。

店の換気は、環境省が支援する高機能換気設備を導入し、新型コロナ拡大リスクの低減とともに、ＣＯ２削減に取り組んでいます。

個人・会社員の方と、卓球界やスポーツ選手の憩いの場として

お客さんは、ラウンジ時代からの常連さん、個人の方、会社員とともに、卓球界やプロレス関係の方などスポーツ関係者も来店されるようです。五十嵐さんは、卓球は未経験でしたが、卓球をしている常連さんがきっかけで卓球を始めました。今では、大阪府立体育会館など近くで卓球の試合が開催される時は、選手や関係者の方が来てくれるようになり、卓球人の関西の聖地としても認知されています。店内には、卓球グッズが並び、日本代表のユニフォームやポスター、来店した卓球人の写真などが張られています。また、プロレス関係者も来店していただいています。

「三方よし」の経営理念を大切にして―飲食店開業希望者の研修の場としても

「三方よし」（「売り手よし」「買い手よし」「世間よし」）の「商売は売買の当事者たけでなく、社会全体を利するものでなければならない」という経営理念を大切に経営されています。

飲食店開業の時に、大阪市産業創造館の「あきない虎の穴～飲食登竜門～」を利用しました。その縁で、これから飲食店の開業をめざしている研修生を3年間受け入れて料理や接客の知識や経験を積んでもらっています。これから、飲食店を始める方の少しでも役に立てばと思っています。また、この地域は、飲食店が多いのですが、横の交流が弱いと思います。連携して対策ができたらと思います。

時短やお酒が提供できないからと休業してしまうと、再開した時に一からになります。「私は、お客様に、時短やお酒が提供できない場合は、おいしい料理作り、販売方法も工夫して挑戦を続ければと思っています。そうした思いが交流でき地域のお店が共に元気になればいいなあ」と思っています。

コロナ禍で営業環境激変の後もお客さまに新しい料理とサービス

コロナ感染症で時短営業や酒類提供中止の中、「かるだんのサービスを自宅で楽しめる」ようにテイクアウトのメニューをフェイスブック、デリバリー用のホームページなどで紹介しています。（「特製アグー豚こだわり弁当」3品、「和風お弁当」2品、「一品メニュー」18種、「サイドドリンク」13種など）。

こうした取り組みには、コロナの各種補償金や持続化補助金の活用、また、大阪商工会議所・大阪観光局主催の飲食店応援プロジェクト「みらい飯」の支援も受けて取り組んでいます。

知り合った専門家の協力も頂き、コロナ禍でできた時間で新しい商品開発をしています。ある意味では今はいろいろチャレンジできるときと思っています。未来の商品開発にも夢をもって取り組んでいます。

取材の感想：経営環境の変化に対応して、新たな挑戦で経営発展を

五十嵐さんは、飲食店を続けていくにあたって、いろいろな経験や研修、お客さまの要望に応える料理をめざして取り組んでおられます。こうしたお客さまを大切にした経営、日ごろの工夫や改善や料理づくりなどの挑戦から、自然に新しい商品とサービスが湧き出てくると思います。

「日頃より顧客とつながりを持って」「商品やサービスがブランド化しているほど、感染症流行後も顧客や消費者の支援を得られる」（２０２１年小規模企業白書：経営環境の変化に強い小規模事業者の特徴）」にもあるように、五十嵐さんの創意工夫で、新たなビジネスの展開は、経営環境の変化に対応して経営発展をめざして挑戦していける素晴らしい力だと思います。

五十嵐さんのまわりの飲食店とともに、「コロナに耐える経営から経営環境にあわせて経営発展」をめざせるようになればいいなあと思っています。今後とも、頑張っていろいろな商品開発とサービスに挑戦されることを期待しています。

（２０２２年１月号）

【サービス（飲食以外）関連】

地域密着で、匠の技を生かして新製品開発と地域活動

第一印房（大阪市城東区）代表　仲河司郎さんを訪ねて

第一印房の事業概要

仲河司郎さんは、1969年に父親が経営していた印房を引き継ぎ47年間経営、印章（実印・銀行印）、ゴム印、名刺、ハガキ、小物印刷などを行っています。商店街の衰退、町工場の減少と、通販、ネット販売、パソコンと連動した彫刻ロボットなど、経営環境の変化の中、一般印章彫刻技能士の資格を取得し、15年度大阪府技能顕功賞「なにわの名工」、19年度全国技能士会連合会「マイスター」を受賞し、職商売人として、地域密着とネットワーク、消費者ニーズに対応した商品開発で経営を発展させています。

…経営環境の変化の中でいかに経営を進めておられますか？

業界をとりまく状況の変化

ＩＴの驚くべき速さの普及、パソコン、携帯電話、ｉｐａｄが爆発的に普及しているため、自治体、企業、家庭においては最高の利便性を発揮し、そのことが印章業界にもいろいろな面で影響を及ぼしています。

仲河司郎さん

印章業界の一番の強敵は、カタログ通販、ネットショップの存在です。大手通販業者は、企業に、家庭に、たくさんのカタログを洪水のごとく送りつけることにより、消費者は、家にいながらショッピングが楽しめます。インターネットによるネットショッピングの販売も主流を占めてきたことと、もう1つは、フランチャイズ店（以前からある）の存在です。

これらすべてに共通することは、他業種に勝るとも劣らない安売り合戦です。もともと私たちの業界は、大量生産、大量消費になじまない一本ずつ手作りの商品を扱っています。安売りできるのは、パソコンと連動した彫刻ロボットの出現です。職人でなくてもパソコンが使えればはんこに彫刻ができるシステムの開発です。こうして、安い商品が出回って、きびしくなってきています。

…地域の状況の変化は？

また、城東区は中小の町工場が多かったのですが、オイルショック以降減少してきました。大きな工場の後にはマンション、小さな工場の後には住宅ができました。人口はどんどん増えていますが、工場の減少で得意先は減少しています。商店街もシャッターを下ろす店が増えています。

個人と事業所では、印章の使用量が違います。しかし、今は、個人相手の商売をしていくことが必要になっています。わが店のメイン商品の印章（実印・銀行印）・ゴム印はもちろんですが、パソコンの普及により減っている名刺、ハガキ、小物印刷も含めて、消費者のニーズにあったものを開発すること、ご近所の皆さんに気軽に覗いていただける店づくりが求められています。

…地域密着、ネットワーク、消費者のニーズにあった商品開発に取り組まれておられますが？地域の消費者に対応し、はんこ屋から「字」の店へ

印章は日本の文化です。誕生から墓場まで、人生の節目にはこの国では必ず印章が使われます。印章はまさに人の生きた証となり、人の一生に必要なものです。そのために「一生使う印章は技術の確かな良いも

のがほしい」というお客さんと、安価なはんこでいいと購入されるお客さんがおられます。どちらにも対応するために、彫刻ロボットも導入して対応しています。どちらも大切なお客さんですが、できればはんこの大切さから見て、よいものを買っていただきたいものです。また、名刺、ハガキ、小物、玄関の表札などにも個人としてこだわるようになってきています。このような消費者の変化は3年前から出てきています。それに合わせて、はんこ屋から「字」の店、プロの店で売り出しています。店の商品を知らせるチラシなどは自分の足でポスティングしています。

遊び心の入った「はんこ」作り

商売と地域のとりくみ、ネットワークで顧客を広げています

地域との関わりを強めるため、ＰＴＡ、町会役員などに目に見える形で活動しています。石のはんこ（落款印）は、趣味の世界、ＰＴＡや町会でサイン代わりに作っています。ストラップをつけて水牛端材や木の端材、竹の根っこで独自の商品づくりをしています。

同業者が集まって、先日、久宝寺公園で「はんこづくり」の体験会を行いました。石のはんこをつくる実演ではんこの良さを啓発しています。協同組合活動や印章技能士活動にも積極的に参加して同業種の交流、情報交流など、プラス思考で参加しています。

匠の技を生かし、消費者のニーズに対応した新しい商品開発を進めています

古くて新しい印材を活かした商品開発を進めています。落款印（書画などに用いるサイン代わりの印）、小先（水牛の角で印材をとった後、処分される少し曲がった先の材質）、竹根（竹やぶの地中に埋まっている根っこ）、あかね（印材をとった後の拓殖材に似た材木の端材）などを使ってパソコンロボットには彫れない手彫のはんこ、遊び心の入った楽しいはんこを企画し、今、口コミで販路が広がっています。

取材の感想：消費者のニーズに対応した匠の技を生かした経営

仲河さんが、印章業界の安売り合戦と、地域の経営環境の変化の中で、消費者のニーズに対応し、匠の技を生かして新製品開発や、地域の活動とサークルや趣味の会で印章のホンモノの良さを楽しみながら知ってもらう活動、同業組合で「はんこづくり体験会」や講習会で体験してもらい、後継者づくりなどを進めている活動は、印章という日本文化の継承とホンモノの良さを知ってもらう活動だと思いました。職商売人としての活動に期待します。

（2013年2月号）

地下水の軟水処理で「汚れがよく落ちる」と評判のお湯のよさを実現

ふじいでら温泉（藤井寺市）**代表　廣田好久さんを訪ねて**

ふじいでら温泉の概要

ふじいでら温泉の廣田さんは、15歳で石川県から知り合いを頼って大阪に出てきて公衆浴場に就職。21

歳の前に親方から、一人でやれと言われ独立開業。大阪市内・八尾市内で銭湯を経営後、現在は藤井寺市で公衆浴場を経営しています。21歳での開業はきびしかったがそれがあったからこそ頑張れていると思っています。「ゆ」にこだわって55年です。

清潔な風呂と、どこにも負けない「お湯」にこだわって　銭湯の「効能」をプロの心と技で発揮

大阪府下の公衆浴場は、最盛期3000軒から現在500軒と8割以上が転廃業しています。1週間に1軒の割合で減少しています。特に、2代目・3代目の転廃業が多いです。藤井寺市では3軒を残すのみとなっています。

人と同じことをしていては銭湯を続けられないと、いつもきれいな銭湯と「効能」にこだわっています。燃料は現在は再生油中心です。重油を燃料にすれば、いずれは燃料高で経営がきびしくなると考え廃油を回収して燃料にして経費削減に取り組み、その浮いた経費をお客さんへのサービスに活用しています。また、大阪府公衆浴場組合の「毎月第3土曜日、入浴料を保護者1人（有料）につき、子ども（小学生以下）3人まで無料」のキャンペーンで若年層への銭湯の利用の普及にも取り組んでいます。

廣田好久さん

業界はきびしい現状ですが、銭湯の効能は、「免疫力の向上・

精神安定・体の機能向上・老廃物の排出・呼吸器の機能向上・疲労感の軽減」と見直されています。銭湯の社会的な役割は高く評価されており、地域社会に役立つ事業として継続発展をめざしています。

地下水の軟水処理で「汚れがよく落ちる」と評判のお湯のよさを実現

風呂のお湯は、地下40メートルから地下水を汲み上げ、カルシウムやマグネシウムなどの硬度成分を除去し、軟水として沸かしています。その効用は、「ふじいでら温泉のお湯は、汚れがよく落ちる」と評判になっています。

さらに、営業時間の5時間前には、ボイラーに点火して、しっとりとしたお湯を用意するなどの工夫で、ふじいでら温泉のお湯の品質は、府下のどの公衆浴場にもひけをとらないものとなっています。

フレッシュコーナーやマッサージできるシャワーで健康増進

ふじいでら温泉には、「フレッシュコーナー」と銘うった、「サウナ、水風呂、スチームサウナ、ボディ・シャワー」設備を整え、遠赤外線の低温サウナでは「岩盤浴」もできます。サウナや岩盤浴は、空気を循環させることで壁面・床面・天井が同じ温度になっており、健康管理もいきとどいた設備になっています。サウナと冷たい水風呂に交互に入ることで体の芯まで暖まり、血液の流れがよくなり体内の新陳代謝もよく、心も体もリフシッシュします。また、シャワーに加圧ポンプをつけ、気泡や超音波などマッサージできるようにしてお客さまへのサービスを提供しています。

こうした接客でお客様にふじいでら温泉のファンになってもらうようにしています。

スーパー銭湯との競い合い

外環状線沿いには、大手のスーパー銭湯ができ、多くの銭湯が転廃業していきましたが、「負けへん」と頑張っています。洗い場に、無料のボディソープとシャンプー&リンスを備え付けています。また、「いつでもお客さまが来られるように」と、年中無休で営業しています。手ぶらで風呂にきて、帰りに近くで一杯飲んでから帰るなど地域のお店と連携しています。

土日には、家族で大きな風呂に入って親子でふれあうなどの場づくりを進めるなど、地域になくてはならない銭湯として地域密着で経営しています。

現在は、スーパー銭湯が撤退して地域の銭湯として一層頑張っています。

交代勤務で浴槽の清掃、ボイラー等機器類の定期点検など運営するために隠れた苦労は尽きません。夜のかたづけが終わるのは夜中の3時頃、朝は9時からというハードスケジュールをこなし、きれいな銭湯で安心していただけるようにしています。

取材の感想：大手に負けないサービスと地域のふれあいの場に

大阪の豆腐屋、風呂屋、ホテルの経営者は、石川県出身の方が多いといわれています。同郷出身の風呂屋さんで修行し、21歳で独立開業の後、藤井寺市で長年地域になくてはならない銭湯をめざして頑張っておられます。

業界は、大手の参入などきびしい現状もありますが、ふじいでら温泉は、銭湯の「効能」、地下水の軟水化で「よく汚れが落ちる湯」、大手スーパー銭湯に負けないサービス、地域のふれあいの場としての温かい真心サービスなどで、地域のお客さんに喜んでもらえる銭湯、きれいで健康な銭湯をめざす地域密着の経営は地域になくてはならない存在です。

今後も一層の経営発展に頑張っていただけることを期待しています。

（２０１５年２月号）

高齢化社会に役立つ介護事業を展開

ヘルパーステーションあゆみ（河内長野市）代表　古谷一郎さんを訪ねて

ヘルパーステーションあゆみ（有限会社あゆみ）の概要

２００２（平成14）年7月に、「軽福祉タクシー」を創業し、同年12月に「介護サービス」の事業を行い、福祉タクシー・介護サービス・介護タクシーを行う、一か所で「介護と福祉」に対応できるシステムで事業を行いました。２０１７年４月に、自費サービス専門の有限会社あゆみプラスを立ち上げ、介護保険事業から生活に必要なことまでを担う事業を行っていました。介護タクシーは開業当初河内長野市で１社でしたが20社に増えたことと、高齢運転をやめるため、同業者に引き継ぎ、２０２３年11月には廃業し、ヘルパーステーションの事業を中心に行っています。

身体の悪い方に役立つ介護タクシーを開業、そして訪問介護を立ち上げ

古谷さんはタクシー乗務員として大阪市内で乗務していました。10年たったら個人タクシーを開業したいと思っていました。

古谷一郎さん

そんな時、高齢の女性が手を上げて乗車してこられました。その女性は足が上がらずにヒザからはうようにして難儀して乗車してこられました。その時、このような人のためのタクシーが必要だと感じました。タクシーは健常者には乗りやすい乗り物ですが、車イスの人も停まってくれるタクシーは少ないです。近距離だし手間もかかるからです。そんな時、「軽福祉タクシー」というものが個人でも許可されることを知り、これで自分の思いが叶うと、タクシー乗務を終えた夜勤明けにヘルパーのスクーリングに通いヘルパー2級の資格を取り、「2種免許とヘルパーの資格」を活かし、タクシードライバーの時に知り合った方と「軽福祉タクシー」を共同経営で開業し、その後独立経営になりました。

介護タクシーは当初は自社1社でしたが20社に増えたことと、高齢運転をやめるため、同業者に引き継ぎ、２０２３年11月には廃業し、ヘルパーステーションの事業を中心に行っています。

訪問介護を立ち上げ

河内長野市は人口11万人、面積は府下3番目の広さで、面積の70％が山間部です。現在高齢化率30％、府下で5番目に高齢化が進んでいる地域です。当初「軽福祉タクシー」を3人で共同して立ち上げました。ケアマネージャから、「介護保険が使えればいいんだけど」との要望がありました。介護保険が使えると利用者さんは経済的な負担が減り、通院等の移動も便利になるということになります。そして、個人の事業から法人化して、２００２年12月にヘルパーステーションを立ち上げ訪問介護事業を始めました。

ヘルパー派遣と通院の送迎を窓口ひとつで一貫でサーヒスできるシステムは大阪南部で初めての事業でした。一つの事業所でヘルパーさんの派遣も通院の車もすべて手配でき、ケアマネさんにとってはとても便利な事業所になりました。

安心と信頼の介護サービスと、生活に必要なサービスの提供をめざして

地域に密着したサービスに心がけ、河内長野市だけの利用者に絞りました。そうすることで無駄を省いてなるべく効率よく仕事をすることと、地域になくてはならない事業所として市民と行政にも認められる存在をめざしています。

介護タクシーでは、介護保険での通院のタクシー料金は市内均一料金として単純化し、市内はどこに行っても片道６５０円としています。30分あれば市内一円どこにでもいけますので、30分６５０円の陸運局の認可運賃です。

車にはタクシーメーターも付けてあり、介護保険では行けない冠婚葬祭、墓参り、観光、小旅行などはメーター料金で走ります。ヘルパー派遣も通院も私的な外出もすべて窓口一本で済むという特徴です。今年（２０１６年）４月には、介護保険サービスと、通院や生活に困っていることをカバーするために、自費サービス専門の（株）あゆみプラスを立ち上げ、介護保険と連動して、総合的なサービスの提供を

めざした事業を行ってきました。

介護保険制度の度重なる改悪

2000（平成13）年に介護保険ができて15年になりますが、3年1度の見直しの度に介護保険が改悪され、必要な介護が受けられない高齢者が多数に上っています。

今また、今度は医療介護総合確保法という名前で、要支援の高齢者を介護保険制度から切り離して、地域の自治会やボランティアにお願いしますということになろうとしています。そして、事業所には事業報酬の減額とサービスの減少など、利用者にも事業所にも厳しい情勢ですが、形ばかりの介護保険制度にしないために、また介護を受ける権利の擁護のために社会保障制度の充実を求める運動に参加していくことが必要と思っています。

取材の感想：高齢化社会に対応し、社会貢献活動と事業経営を推進

古谷さんは、河内長野市に密着して、地域で安心して暮らせる生活に必要な介護・福祉タクシーあゆみと、一カ所で介護と福祉のサービスを提供しています。事業を市内に限定することで、地域の条件にあった多様で利用者の安全・安心・快適性の向上をめざしています。また、冠婚葬祭、墓参り、観光、小旅行などはメーター料金で走ります。ヘルパー派遣も通院も私的な外出もすべて窓口一本で済むという特徴を備えた経営を行っています。福祉タクシーの廃業は、当初1社のみから20社に増えたことと、高齢運転をやめるためです。まさに、事業経営は経営の本来の目的、「より多くの人たちにより良い生

活を提供するために商品やサービスを提供する」経営として地域社会の役割を担う事業と思います。
［２０２３年11月介護タクシー廃業のため一部変更しました］
（２０１６年2月号）

スポーツバイクから一般軽快車・小径車まで取り扱う自転車店
ギャラリーサイクルケア（大阪市大正区）　板床英喜さんを訪ねて

管工事から町の自転車店に

板床さんは、大学時代から親の管工事（水道工事・下水道工事など）の仕事を手伝い、大学卒業後仕事を覚え、父親から事業を引き継ぎました。しかし管工事の仕事はきびしく廃業しました。新たな分野の仕事に挑戦したいとの思いから、２０１４年４月に自転車店を開店しました。

広々とした店内　一般の自転車からスポーツバイクまで

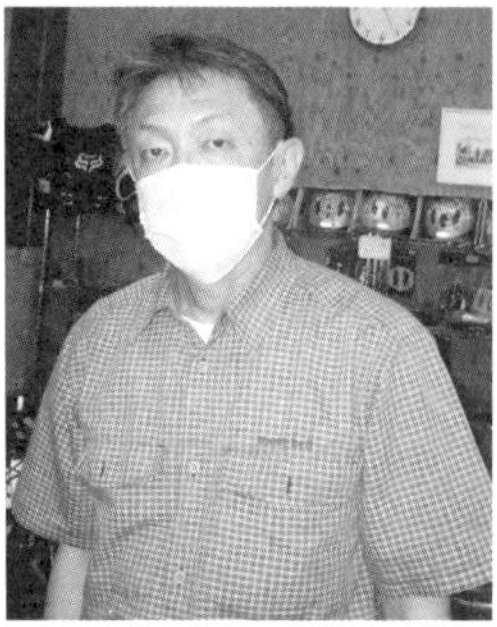

板床英喜さん

ギャラリーサイクルケアは、商品展示スペース、ワークステーションと広い店内です。空気入れやパンク修理で訪れても、ゆったりした雰囲気で日常用の一般車自転車や、スポーツタイプの自転車が見学できます。営業時間は平日10時～18時30分、土日祝は10時～18時まで。

外観は、大変おしゃれな雰囲気のお店で、広々とした空間に、たくさんの自転車が展示されています。市民の足として使用される一般軽快車、小径車はもちろん、スポーツバイクなど幅広い自転車を取り扱っています。また有償ですが、自転車のメンテナンスを自分で行いたい人のためにワークステーションをレンタルしています。

スポーツバイクの販売も積極的に行っており、マウンテンバイクで有名なＧＴアグレッサー、アバランチェは数多くのカラーとサイズを展示・在庫しているＧＴプレミアムディーラーでもあります。

市民の足となる自転車と快適なスポーツバイクの普及へ

一般向けの自転車では、子どの向けの自転車も扱っています。大正区は、川と川に挟まれた地域で、市民の足は、バスと自転車になっており、市民１人が１台の自転車を持っていると言われています。近くにも7店舗位の自転車店があり、暮らしに直結した商売となっています。近所の人が訪れ、空気入れ、パンク修理、油差しなどのサービスを利用しています。

初めは、店内で場所貸しをして、自分でメンテナンスをしてもらうように計画しましたが、一般軽快車や子ども向け自転車は、メンテナンスをしてほしいとの依頼がほとんどです。

メンテナンスで訪れた方には、店内でゆっくりくつろいでもらい展示自転車を見てもらっています。

広々としたギャラリーサイクルケア店内

また、空気は月2回位点検を、パンクの時は1回目は修理・2回目は交換など、長く自転車を利用できるアドバイスも行っています。

また、スポーツバイクで快適に走りたい気持ちを持っている方が多くおられますが、スポーツバイクは値段が高額なので、試乗車もおいてゆっくり選んでいただけるようにしています。

スポーツバイクの多くは外国製で、現在は、コロナ禍で外国から自転車や自転車部品が入ってきません。いいものを提供することができず悩んでいます。スポーツバイクが多かったこともあり、販売売上も大幅に減少しています。

自転車は、コロナ禍で感染対策から一時はよく売れましたが、最近では自転車が入庫してこないので、東京の方では自転車店の倒産が増えていると言われています。

今は、持続化給付金、家賃支援給付金などや一時支援金、月次支援金で経営をつないでいますが、国内での自転車の生産とサプライチェーンの構築で、ほしい自転車が市場に提供できるように改善してほしいと考えています。

地域的にも、自転車が暮らしの足として必要ですし、感染症対策にも、環境危機といわれる地球温暖化対策にも、また、快適な気分になれる自転車の需要に応えられるようにしたいと願っています。

取材の感想：市民の足と快適なスポーツ自転車でコロナ禍のストレス解消を

現在は、環境省も「環境危機」というように、環境破壊・地球温暖化は急速に進み、とりわけＣＯ２排出規制では、ここ数年で大幅な改善が必要と言われています。自転車は、環境対策からも大変役立つ乗り物です。

大正地域は、自転車は暮らしに欠かせない地域です。市民の暮らしの足、通勤の足として地域のコミュニティを支える役割をもっています。そして、自然の中で快適な気分を体感できる乗り物です。地域の暮らしと密接に結びついて自転車店の経営が成り立つこと、そのためにも、国内での生産とサプライチェーンを再構築し、地域密着型の自転車店の経営を守り発展させることが大切です。

経営は大変だと思いますが、これからの社会の中では大きな役割を担っており、必ず経営発展の条件があると思います。知恵と工夫で苦境を乗り切り、地域になくてはならない存在になってほしいと思います。

（2021年9月号）

【農業関係】

消費者と農業者をつなぎ、安心・安全農産物を届けて

農民組合大阪府連合会（大阪市城東区）　会長　田中　豊さん
農民連大阪産直センター　事務局次長　辻本祥子さんを訪ねて

農民連大阪産直センターの概要

1970年頃農民組合大阪府連のぶどう産直・生協との野菜産直を引き継ぎ、1990年「農民組合大阪府連・産直センター」として設立、1993年「農民連大阪産直センター」に改称。事業内容は泉州（泉

佐野）・堺から北大阪のてっぺん能勢町の生産者と都市農業を守るという役割と共に、日本農業の推進・発展をめざして、農産物・加工品の流通を行っています。大阪府内の消費者団体やレストラン、保育園、配食サービス業、生協などへ供給。他府県に比べて厳しい大阪府の栽培基準をもとに独自の出荷基準を定め、栽培履歴の管理、農民連食品分析センターによる残留農薬の検査、また1年に一度放射能検査を行っています。〝食べて守ろう日本・大阪の農業を〟スローガンに、都市農業の発展と再生産性のある農業をめざして活動しています。

農民連大阪産直センターの事業活動の始まりは

1985年の「プラザ合意」により、アメリカのオレンジの自由化が始まりました。農業・農産物を守ろうと宣伝チラシと農産物を届ける中で、新婦人の会から、定期的に届けてほしいとの声が広がり、全国の経験に学んで「野菜ボックス」運動を行いました。消費者と生産者が「大阪の農産物が食べられる。大阪の農地と農業を守る」との理念を共有した運動として広がりました。

産直活動の目的や理念を共有し、農家と消費者をつなげる活動

出荷農産物は、地域の組合と連携して取り組んでいます。野菜は、大阪府産だけでも、年間50種類、全国の農民連の野菜も合わせると70種類以上の安心・安全・新鮮な野菜を、旬の時期にお届けしています。大阪は昔から米が作られてきました。主な品種は「キヌヒカリ」「ヒノヒカリ」「にこまる」などです。北摂、南河内地域では、4年前から産直センターに出荷する若い新規農業者（30歳代後半～40歳代）が増えています。農業と関係なかった方が、農家で修業し就農しています。若い就農者は、農作物の販

売方法も独自ルートでの開拓など意欲的な取り組みを始めており、知恵と安心・安全のものを販売するなど都市農業の後継者として楽しみでもあります。

また、農業後継者ために、日ごろ女性との出会いがないことから婚活イベント「大阪青年農家と交流しよう」も取り組まれています。

しかし、野菜ボックスは、発足当初3000以上ありましたが、現在は半分以下になっています。「大阪の農産物が食べられる。大阪の農地と農業を守る」と消費者と生産者が理念を共有した運動の世代が変わる中で、理念が弱くなってきています。再度、理念を共有する取り組みを広げる活動を進めています。

野菜ボックスの配送準備中の産直センターのみなさん

…都市農業振興基本法が制定され、都市農業を破壊から守る方向に転換された今後の活動について?

2015年4月「都市農業振興基本法」が、制定・施行されました。同法では、都市農業の多様な機能・役割を積極的に評価し、都市農業の安定的な継続と、それを活かした良好な都市環境の形成を図ることが明記されています。農業政策と都市政策の両面から都市農業を振興するという画期的なものです。農業者が長年訴え続けてきた「都市農業の保全と持続的発展」や「農業のあるまちづくり」がやっと法的に認められ、都市農業の未来が明るくなっています。

国に「都市農業振興基本計画」の策定を定め、「基本計画」として、地方公共団体（都道府県・市町村）が「地方計画」を策定することになっています。この「地方計画」が、今後の都市農業振興にとって重要です。大阪府は、２０１７年8月に「新たなおおさか農業アクションプラン」として策定しています。今後は、市町村での策定が急務です。

「地方計画」に明記すべきことは、①生産基盤の確保と生産環境の改善、②多様な担い手の確保と育成、③安全・安心・新鮮で「物語性のある」食べ物づくりと地域の食糧自給率の向上、④都市農業の特性を生かした新しく・魅力ある農業経営の追求、⑤多様な地域内生産・流通・消費システムの形成、⑥農家と都市住民との交流・連携強化などです。

同時に、大阪府においては東京都に比べて水田が多く、稲作が大切な意義を持っていること、自給的農家・販売なしの農家の比重が大きいこと、農産物直売システムの展開が弱いこと、多様な市民農園の整備に遅れが見られることなどを踏まえた対策が必要です。

また、農業従事者の高齢化、担い手・後継者不足、農地の減少、農産物価格の低迷など山積する問題の対策も重要です。

地域と生きる事業所・団体としての地域などでのとりくみ

地域での朝市、北区の買い物難民対策の活動として車で現地に出向いて販売、エルおおさかのまつり、看護師とのシンポジウム。平和盆踊り（平野区）、やお市民まつり、道の駅など、地域の消費者と産直をつなぐなど交流を深める活動も取りくんでいます。

取材の感想：都市の緑と自然を守り自給率1％の大阪の都市農業の発展を

世界的に見ると、人口増加と森林・農地を破壊、地球温暖化により、将来世界的に食糧危機が起こると言われています。国民の生活の糧《かて》・食料を輸入に頼る政策は間違っていると思います。

今、大阪は食料自給率1％と言われています。都市農業が、都市の緑を保全し気候変動による災害からの大きな環境対策になります。

新自由主義的な経済政策は、短期的に「成長・成果・利潤」を追求します。ものづくりなど技術革新により生産性が向上しやすいですが過剰生産になる点もあります。農業は、自然と共生しながら持続的に発展します。自然を対象とした農産物の持続的な生産性向上は、世界的な人口増に追いつきません。農業を世界で、日本で、大都市で発展させることは急務です。だからこそこの分野に政策的支援が必要だと思います。

２０１４年の「小規模企業振興基本法」の制定、２０１５年「都市農業振興基本法」の制定と、成長のみならず、維持・持続的発展をめざす小規模事業者の役割が明記され支援策も始まっています。社会が成熟社会になり、「成長ではなく、持続的な発展を求める時代」に、第１次産業の農業の果たす役割は大きいと思います。大都市の消費者の食料を提供する都市農業の役割・地域内循環型経済の担い手として、商業・サービス、製造業と連携しながら、都市農業の発展をめざして奮闘されることを期待しています。

（２０１８年９月号）

食は生命の根源、輸入ではなく地元で作るべき

農業経営者（能勢町）　吉村次郎さんを訪ねて

能勢町で農業に参入した吉村さん

大阪のてっぺん能勢町は、大阪府の北端に位置し、周囲は大阪府豊能町、兵庫県川西市、猪名川町、篠山市、京都府南丹市・亀岡市に囲まれています。山間の自然と気候風土に恵まれ、谷間に田園、山斜面に開かれた棚田など、都市が忘れかけた日本の原風景が残っています。能勢地域は米・寒天・高野豆腐、栗、炭、牛などの生産地になっていました。

いま、世界では爆発的に人口が増加、食料危機が叫ばれるなか、日本では人口が減少し、農地の耕作放棄地が多く、社会問題化しています。

能勢町も人口減少と高齢化の課題を抱えていますが、一方で、近年、農業経営に参入する若者が増えています。その中の1人吉村さんに都市近郊農業に参入した動機や現状の思いについてお聞きしました。

吉村次郎さん

命の根源の食を外国に頼っている社会・経済の問題を考えて農業に

吉村さんは、参入した若者と同じように、農作物は、毎月販売できる露地物、野菜を栽培しています。

移設中のビニールハウス

吉村さんは奥さんと一緒に農業経営をしています。サラリーマンの家庭で育ちましたが、24歳の時に農業を始めたきっかけは、「食べ物は生命の根本、それを外国に頼ってばかりいるのは問題。多くの農地が耕作放棄地になっているので何とか社会の矛盾・経済の問題を考えたい」。もう一つは、「組織の中で働くのがなじみにくい、自然の中で自分のペースで楽しく働きたい」と思って農業をめざし、以降16年続けています。

農業を始めるために、能勢町で農業を営んでいる原田さんに相談して研修させてもらい、農地を借りて始めました。最初は、アルバイトをしながら始め、現在は1ヘクタールで作付けしています。亀岡市に近く、冬は霜が降りるなど寒い地域なので、その気候風土にあった露地物・野菜を作り、都市近郊農業のメリット（①都市の消費地に隣接している。②宅配など消費者と直接対応できる。③安心・安全な食糧を消費者に届ける運動など）を活かして、毎月販売できる露地物野菜をを栽培しています。

出荷先は、安心・安全な野菜を作る基準や理念が共有できる大阪農民連産直センターやよつ葉会（関西よつ葉連絡会）、産直の野菜、果物などが中心です。

台風で蒙った２００万円の損害を乗り越えて

川沿いの畑で、ビニールハウスでトマトを栽培していました。例年トマトの収穫後に台風など川の氾濫はあったりしましたが、今年（２０１９年）は７月の台風で川が氾濫し、収穫前だったのでトマトが全滅して、加えて、ビニールハウスなどの破損で２００万円の被害を受けましたが、一つひとつが少額とのことで保障はありませんでした。現在は、川から離れた所にビニールハウスを建設中です。また、毎年３月・４月は端境期で出荷するものがなかったので、今年からはイチゴの栽培を始めました。

能勢町での農業活動や暮らしは

農作業はしんどい面もありますが、農村地域には人間的にあたたかい農村共同体的な連携があり、失われた日本の地域社会の良さが生きていて暮らしやすいと話します。

地域では、消防団員として地域の安全を守る活動をしています。ここ10年間で若い農業者が増えてきて、４年前から４Ｈクラブ（農業青年クラブ：農業経営をしていくうえでの身近な課題の解決方法の検討、より良い技術を検討するためのプロジェクトの活動を中心に、消費者や他のクラブとの交流や生活改善、農業技術の改良などが目的。４Ｈは頭・心・腕・健康の頭文字をとったもの）に集まる25人ぐらいで、情報交換などの活動も行っています。

地域の課題

能勢地域では、人口減少と農業経営者の高齢化の課題があります。若い世代が高校から他都市に行き、地元に帰ってこない現状があります。都市農業をささえる担い手づくりも課題です。食の根幹となり農業を魅力あるものにすることも大切だと思います。

また、ＪＡは、米と栗しか扱っていません。新しく農業に参入した場合、設備の費用がかかり、収入が年に一度の米づくりは厳しい面もあります。米づくりに参入しやすいシステムづくりもあればと思っています。

消費者の方たちにも「楽な方・便利な方だけでなく、野菜は太陽の下で育ち、その恵みを頂いて生きている」ことを分かっていただく活動も大切と思っています。

今後の農業経営に向けて

大都市の消費地に隣接しているメリットに加えて、安心・安全な食材を消費者に提供する理念を共有する団体やお店との連携などを活かして農業経営を進めながら、地域衰退の対策、農業経営がしやすい組織づくり、地域文化を守っていける組織づくりを進めたい。また、年をとっても農業が続けられるように、会社組織的なものを考え、若い人が参加しやすい農業を育てていけたらと思っています。

10年位前から若い人を受け入れてきたので、若い世代が増え、最近はおしゃれなお店ができています。若い世代が暮らしやすい環境もできています。若者がもっと農業に参入できるようになればと思っています。

取材の感想：世界の人口増加と耕作地の減少、食料危機が近づく時代に大切な課題に挑戦

日本では人口が減少していますが、世界的にはアフリカ・アジアを中心に人口は増加し２０５０年には98億人になると予想されています。地球温暖化は産業革命（１８５０年）からの気温上昇が２０３０年には、１・５℃に達し、洪水リスクが１００％増加、生物では昆虫の６％、脊椎動物の４％、植物

の8％の生息地が失われ、年間漁獲量が150万トン減少（国連の気候変動に関する政府間パネル：IPCC）と言われており、将来世界的に食糧危機が起こると言われています。日本は四季がある気候、豊富な森林・水資源など世界的にも植物の生育に適した風土です。その日本で、国民の生活の糧・食料を輸入にたよる政策は間違っていると思います。

吉村さんの農業経営への参加は、豊かな自然の中で人間らしく働くという生きがいのある事業です。また、日本の将来にも大切なことと思います。若者の農業への参入は、今は少数でも時代と共に大きな流れにしなければならないと思います。

吉村さんの事業活動は、持続的な地域社会づくりの大切な取り組みです。都市近郊農業のメリットを活用しながら農業経営の発展をめざして奮闘されることを期待しています。

（2019年1月号）

ものづくりの喜びと家族とともに人間らしく暮らす

山田農園（河南町）代表　山田明弘さんを訪ねて

山田農園　山田明弘さんの概要

山田農園の山田明弘さんは、高校卒業後ものづくり企業に15年勤めましたが、農業で人間らしく働き、作物の日々の成長とともに働く楽しさと家族とすごす時間を大切にしたいと、お母さんの由美子さんと一緒に、2018年6月から河南町と富田林市の畑を借りて家族農業を始め露地物を栽培しています。

始めてすぐに9月の台風で35メートルのハウスが壊れました。農民連から得た情報で、国の保障制度を知り対策をめざしています。まだまだ、退職金と奥さんが働いた収入で暮らしていますが、早く農業経営で暮らせるようになりたいと頑張っておられます。

人間らしく働き、ものづくりの楽しさ、家族との時間を大切に

山田さんはお母さんと一緒に農業経営を行っています。山田さんは、ものづくり企業で15年勤めましたが、朝7時前から出勤し、3人の子どもが寝てしまった夜10時に帰る毎日で、家族との時間が取れない日々に悩んでいました。仕事は部品加工で、完成品を想像してつくるものづくりの喜びが感じられない日々でした。そうしたなか、豊かな自然に囲まれ、作物の植え付けから収穫まで、日々成長を見ながら働ける農業に関心をもちました。農業従事を具体的に実行したのは、九州地方でIターン家族のために1年間生活の補助金がある農業研修制度を知り、応募を考えていた時、母から、私も農業がしたいと大阪狭山市の農業経営者を紹介されたことと、もう一人、和歌山県で石油関係の会社の幹部をしていた方が身体を壊して農業に転身し、ハーブ系のイタリア料理の素材づくりと米とニンニクづくりをしている人から教えてもらいながら始めました。

山田明弘さん

就農後、即台風の損害を乗り越えて

現在は、河南町の2反畑（2000平方メートル）でニンニク・ホウレンソウ・芽キャベツを栽培、

富田林市では、1反（1000平方メートル）畑で白菜・ブロッコリー・キャベツを栽培し、農民連産直センター、道の駅（河南、富田林）などに販売しています。

6月の就農後、河南町の畑にビニールハウス（35メートル）を作りましたが、9月の台風で倒壊しました。国の補助制度の情報は大阪府、市、町へと下りて来るので河南町の情報が遅く補助をあきらめる人がありました。私は、農民連の情報で早く知っていたので、70％保障の制度に申請できました。

今後の課題は、人間らしく働き豊かに暮らせる収入確保です。まだまだ、退職金と妻の収入に頼る生活ですが、来年からは5年間の就農補助制度もあり、その間に農業経営の基盤を作りたいと思っています。そのために、販路開拓や地場野菜、特産品づくりで安定した収入をめざしていきたいと思っています。

住んでいる河南町を魅力ある地域に

河南町は地域でなんでも栽培できます。近くにワールド牧場があり、牧場のヤギが農地の雑草を食べて、そこでできた安全な有機肥料を安価で分けてもらい地域で活用しています。家族が食べるお米は隣の松井さんの美味しいお米を食べています。河南町には地域資源の循環の仕組みがあり、農業がしやすい環境、安心して暮らせる環境があります。

若者が地域を盛り上げていきたい、河南町の魅力をアピールしていきたいと思っています。今年の12月には、地域の産物をみんなで展示するイベントを計画しています。周りの畑や田んぼでなんでも作れる地域を知らせていき、魅力ある河南町にしていきたい。また、河南町の特産品栽培も考えています。

安心安全と農業に若者が参入しやすくするために

農民連の全国大会に参加して、一番感じたことは、福島の原発事故で悩んでいることです。「東日本大震災で家族と離れ離れになってやっと会えたが土壌が汚染されている。国は使っても大丈夫といっているが不安。作った作物が安心して売れるのか。問題があれば、日本の農業の信用がなくなってしまう」との報告が一番心に残っています。

国は、日本の農業は国際競争力があると宣伝していますが、野菜をつくっても儲からない。外国に比べて家族農業に対する補助制度が遅れていると思います。

日本には美味しい水があり農業に適しています。地球温暖化の影響で世界的に食糧危機の不安が叫ばれている時に、国内の農業を振興せずに外国から買うのはおかしいと思う。

日本でも、多くの若者が農業に参入し、家族と楽しく暮らせるような制度を作ってほしいと思います。

取材の感想：働く喜びと家族とのふれあいを求めて家族農業に挑戦

日本は昭和元禄と言われ、１００年に一回と言われる繁栄を経験しました。しかし、現在は若者の５割近くが非正規で人間らしい暮らしができなくなっています。若者に未来がないことは国に未来がないことです。今、その対策が急務となっています。

かつてものづくりの繁栄の後、衰退し高い失業率になったヨーロッパなどの先進国では、雇用（自分で自分を雇用する農業や個人事業主含む）を中心に据えた産業政策を展開。農業も家族農業を支援して食糧自給率１００％をめざしています。日本も、生活できない非正規などの賃金や労働条件をやめて人間らしい働きができることを目指すべきです。農業は自給率100%をめざすべきです。

地球温暖化による食糧危機を迎える時代に、そこを変えようとする若者の挑戦には心から拍手を送ります。山田さんの農業経営への参加は、豊かな自然の中で人間らしく働くという生きがいのある事業です。また、日本の将来にも大切なことと思います。若者の農業への参入は、今は少数でも時代と共に大きな流れになると思います。

山田さんの農業経営や地域活動は、持続的な地域社会づくりの大切な取り組みです。都市近郊農業のメリットを活用しながら農業経営の発展をめざして奮闘されることを期待しています。


（2019年 5月号）

【社会的事業所・事業体関係】

障害者作業所の活動を地域と共に　多文化共生の取り組みめざして

第二さつき障害者作業所（吹田市）所長　森下　広さんを訪ねて

第二さつき障害者作業所の概要

「さつき福祉会」は、「私たちも働きたい」「生まれ育った地域で暮らしたい」という障害者の願いを実現するために、1983年に「さつき障害者作業所」、1989年に第二さつき障害者作業所を5年半の無認可作業所を経て開所しました。開所に際し、地域の中に障害者施設開所に反対の声もありましたが、積極的に支援して頂いた住民の方も多くありました。開所以後は、障害者の働く場づくりに地域の方の支援と、地域と共に歩む障害者作業所として活動しています。
利用者は、定員60名の知的障害者通所授産施設で、職員は支援員・調理・運転手等40名で運営しています。

前身は、障害者と家族の願いを込めた共同作業所づくり

1984年に、南吹田の民家を改修して「第二さつき共同作業所」を開設しました。車イス利用者を含む10名の利用に、畳の部屋を身障トイレに改造したり、給食がないので弁当を注文したり家族の方が日替わりで味噌汁を作ったりしながら運営しました。翌年には、万博公園の横にある吹田市の旧清掃工場の建物の空き部屋を借用して、車イス利用者数名を含む卒業生が利用する「第二さつき北作業所」を開所しました。5年半にわたって2カ所の作業所で50数名の利用者を受けとめてきました。運営資金の不足を補い、許認可施設建設の自己資金を作るための物品販売やバザー、各地のお祭りに模擬店を出店して、障害のある仲間たちと父母、職員が多くの市民の方の支援をいただいて、いわゆる「共同作業所」づくりを進めてきました。

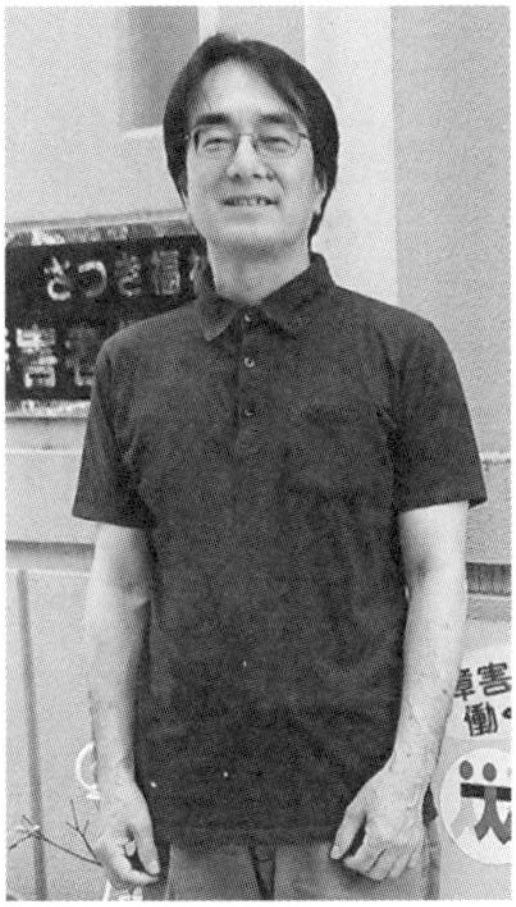
森下　広さん

第二さつき障害者作業所を開所

1989年8月に山田西地区に、国の許認可施設（知的障害者通所授産施設）としてオープンして30年を迎えています。現在は、障害福祉サービスの就労支援B型（15名）、生活支援（45名）の多機能型事業を実施しています。

現在地が、施設建設の候補地として決まった時には、周辺は竹林で、隣接するマンションも民家もありませんでしたが、それでも、地域住民の中からは、障害のある人達への理解不足から「毎日近所を通ってこられて大丈夫なのか？」「近くに施設が建ったら地価が下がるのではないか？」などの声がありました。そうした住民の不安に、地域の福祉委員会のみなさんが施設関係者による「説明会」に一緒に参加して、障害者や福祉への理解に力をかしてくださいました。

開設時より多くの市民、とりわけ西山田地域の方々には様々なボランティアとして支援していただいています。

作業所は「労働」を主軸にして、6つの班で、食品、環境、簡易作業などに取り組んでいます。

・食品班＝「炭酸せんべい」、ゼリーの製造・販売、コーヒー（粉）販売。炭酸せんべいは2015年度「スゥイーツ甲子園」では、大阪でグランプリに表彰されました。

・エコロジー班＝空き缶、空き瓶の選別作業、遊歩道除草など。

・ジュピター班＝野菜の栽培と販売（NPOトゥギャザーによる専門家支援）、ペットボトル回収。

・のぞみ班＝公園の除草、インクカートリッジの回収、花壇管理。

・ステップ班＝資源回収、公園のトイレ清掃、軽作業。

・SMIL班＝記念品の（ボールペン、お菓子の袋詰めなど）軽作業。

暮らしの面では、現在市内のグループホームを利用されている方も20名おられます。自宅で親、きょうだいと暮らしておられる方も高齢化に伴なって父母の病気、入院などにより、家族での暮らしが厳しくなり、ショートステイやヘルパーの制度を利用される方も多くなってきました。

地域と共に～作業所と地域相互の行事に参加

西山田福祉委員会には、委員として障害者交流会の企画や、地域の「街並み点検」活動などに多くの住民と一緒に参加しています。

地域のみなさんは、日常的なボランティアとして、作業や行事・「第二さつきだより」配布などで作業所を支えてくださっています。

地域に開かれた施設として、野菜や商品の販売だけでなく、地域の方が参加できるような行事にも取り組んでいます。夏祭り（8月）、お餅つき（年末）、ミニバザー、クラブ活動では、地域で活躍されている方に講師やゲストとして参加して頂いています。

西山田地区公民館でのクラブ活動（茶道）、文化祭でパネル展示参加。西山田集会所は、班の職員・仲間・家族の懇談会や作業所の10周年行事の開催などで利用。

集会所が老朽化によって閉鎖された後は、商店街の空き店舗を「ふらっとサロン」として住民のみなさんで運営しています。グループ単位で喫茶に出かけたり、お餅や油彩の販売をさせていただいています。いつも暖かく迎えていただき、地域の交流の場となっています。また、中学校「福祉体験」への協力や、地区盆踊り・地区敬老会には実行委員として参加・協力しています。今後は地域の防災についての協力が課題です。

今後の課題

40年前は、障害者共同作業所づくりに取り組み、その後は、運動でできた制度を利用して工夫しながら運営してきました。吹田市には、重度障害者に対して国の不足分を補填する制度があり、作業所では6グループに複数の正職員が配置できました。しかし、昨年度一方的に補助制度が削減され、現在は厳しい運営を強いられています。開設当時に、制度づくり運動をすすめてきた高齢の親御さん達は非常に危機感を持っておられます。若い家族も今後重度の方の受け入れが困難になってくるのではないかと不安を持っています。行政による一方的な財政削減に対して、当事者参加の下で、重度障害者が安心して社会に参加し地域生活を送るために必要とされる制度の再構築を目指して、職員・利用者・家族がもう一度原点に立ち返りながら、市内の事業所・関係団体と共に運動に取り組んでいるところです。

取材の感想：事業活動で人間の尊厳を守り発展させる

日本や先進国が成長期には、福祉国家をめざす政策、革新自治体や市民の運動で民主的な制度が前進してきましたが、1980年代から、新自由主義が経済政策の主流となり、厳しい経済・社会環境になっています。

こうした時こそ、憲法とさつき福祉会の理念「障害者福祉をはじめとする社会福祉、社会保障の充実と発達保障をめざして、すべての国民の『権利の保障』をもとめる事業体」として、障害ある方の願いを実現、人間の尊厳を守り発展させる社会的事業として活動されることを期待しています。（2019年 9月号）

持続可能な社会を、未来を担う世界の子どもたちに

特定非営利活動法人地球環境市民会議（ＣＡＳＡ）

理事・事務局長　宮崎学さんを訪ねて

地球環境市民会議（ＣＡＳＡ）の事業目的と理念

◇事業活動の趣旨・目的

宮崎　学さん

市民の立場から、科学的な根拠を持った情報を提供し、国内外のＮＰＯ・市民・科学者と連携しながら、平和で公正な持続可能な社会を目指しています。未来を担う世界の子どもたちのために活動しています。

◇「２０５０年カーボンニュートラル」の実現に向けての取り組み

温暖化問題を解決するためには、２０５０年までに温室効果ガスの排出をゼロにする必要があります。石炭火力発電・原子力発電の廃止と水素・アンモニアに頼らず再生可能エネルギーの普及拡大で脱炭素社会が実現できることを多くの市民に知らせるとともに、実現のための再エネへの転換と省エネの活動の

推進を働きかけています。

◇事業活動の内容

①市民に知らせ・広げる活動：地球環境市民講座、各種セミナー、ちきゅうＣａｆé、出前授業などの取り組み。

②パンフの作成：ＩＰＣＣ第５次・第６次評価報告書パンフ、地球温暖化資料集２０１５等。

③国際交渉への参加：ＣＯＰへの参加、CAN-Japan との連携した活動。

④調べ・考え・提案する活動：「ＣＡＳＡモデル２０３０」「ＣＡＳＡモデル２０５０」気候変動問題研究会、声明・提言。

⑤エコライフの推進：省エネ学習会、「省エネチャレンジ」、「環境家計簿」。

⑥再エネの普及：市民共同太陽光発電所の設置（５か所）「自然エネルギー市民の会」と協力。

⑦プラスチックごみ問題への取り組み：学習会の開催、河川のごみの収集。

⑧若者の活動の支援　ＦＦＦ Ｏｓａｋａの活動の支援。

などの取り組みを進めています。

地球環境市民講座は、知らせ・広げる場、調べ・考え提案する場として活動の柱となっています。「情報に精通し、自立し、行動する市民」の育成を目的に開催、一貫して気候変動問題を軸に据え、市民に質の高い最新の情報を届けることを大切に開催しています。

ＣＡＳＡの活動は自然環境保全などの現場がある活動とは違うため、今後、行動の現場づくりと「動く人」の育成と若い方の参加を増やすことが課題です。

設立の経過――1994年12月国連のNGO（ロスター）に登録

ＣＡＳＡは、１９８８年10月に大阪西淀川訴訟など大気汚染問題の解決に取り組む活動、オゾン層破壊を防ぐためフロン規制を求める消費者運動、環境保全と公害根絶のために地道な調査・研究を続けてきた研究者・専門家など３者が合流して設立されました。２００１年５月にＮＰＯ法人格を取得、２０１４年ＮＰＯに認定され、現在の名称に改称しました。

地球温暖化の問題に取り組むとともに、西淀川公害裁判など大気汚染公害被害者の支援などの活動を行ってきました。現在では、エネルギー問題にも取り組んでいます。

また、気候変動枠組条約の交渉会議などに参加し、国際的な交流活動を行い、１９９４年12月国連経済社会理事会の登録ＮＧＯに昇格しました。職員数は、正規３名・定時１名（正規２名は派遣）、ボランティア数２名、会員数は３０３（個人２６６、団体37）です。

コロナ禍での事業活動

前進面では、①参加者の広がり（オンラインなので全国から参加）。②コストの削減（会場費・講師交通費）。③講師の広がり（全国の各地から講演が可能）。問題点では、①講師との接点が弱くなった。②参加費の徴収のためのコスト（代行業者と契約）。③ネット環境のない方への配慮（サテライト会場）。④広報（フェイスブックの効果は大きい）などの課題も抱えて取り組んでいます。

地域での取り組みや地域での活動など

地域住民に対する活動では、家庭での省エネ活動の取り組み提案・学習会の開催。地域でめざす社会的な事業活動としては、エネルギーの地産地消に向けての取り組み、啓発活動、再エネの設置支援などです。地域で活動する環境団体やＮＰＯとの連携が広がればもっと脱炭素社会の実現、プラスチックごみ問題解決の取り組みが広がると思います。

取材の感想：社会的事業所への支援策の少ない中、大きな役割を担って奮闘

ＣＡＳＡは、地球温暖化対策、脱炭素社会実現などの理論・科学的な見解を示す団体として、一定の役割を果たしています。地域で環境活動をするＮＰＯなどが連携し、ＣＡＳＡが科学的見地に立った理論的・政策的提案と、連携した力で地方自治体へも実現に向けた力づよい提案と運動ができればと思います。

もう一つは、日本では、ＮＰＯが社会貢献とボランティアに限定され、ヨーロッパのアソシエーションのように、社会連帯経済の担い手として、雇用面でも大きな役割を果たしているのとは大きな違いがあります。

社会的な課題実現をめざすＮＰＯや協同組合・共同体などの組織の社会的地位の向上と役割にふさわしい支援策が求められます。

（２０２２年５月号）

人々の意欲と能力に応じた働きで地域の多様なニーズを実現して

日本労働者協同組合（ワーカーズコープ）
センター事業団関西事業本部長　前田圭一さん
事務局長　田代　明さんを訪ねて

労働者協同組合（ワーカーズコープ）の事業目的と理念

労働者協同組合・「協同労働」の趣旨・目的

働く人びと・市民がみんなで出資し、自ら経営に参加して、生活と地域の必要に応じて仕事をおこし、よい仕事と地域づくりを目指して働く労働者協同組合です。

協同労働とは一人ひとりが主体者となり、みんなの力を発揮するために話し合いを大切にし、違いを認め合い、お互いの力を生かし合う労働であり、「雇用労働」とは異なる働き方です。働く者どうしの協同だけでなく、利用者や住民との協同も大切にしています。

労働者協同組合の原則

創立時は、中高年の人々や失業者の仕事おこしの「中高年雇用福祉事業団」として出発しました。清掃などの委託事業を運営するなかで、「雇われて働く」という受動的な意識を超えて、どうしたら仕事の主体者として成長できるのか、地域から共感を得られるのかを追求する中で確立してきたのが「全組合員経営」「共感の経営」です。

私たちは、欧州の「労働者協同組合」から学んで、「みんなで出資・経営し、みんなで働く」原則を確立し、1987年「日本労働者協同組合連合会センター事業団」に改組しました。

多様な就労の機会の創出　地域における多様な需要に応じた事業の実施

私たちは、生活と地域の必要に応じて仕事をおこし、よい仕事をと地域づくりをめざして、清掃、地域福祉（障害者、高齢者ケア、子育て支援、社会的困難のある人々の自立・就労支援）、農業・林業・食・環境など、生活と地域を担う総合的な分野で仕事おこしを推進しています。その規模は、連合会加盟の団体を含めて全国で5万人組合員にのぼり、センター事業団関西事業本部では500人の組合員が働いています。

今、私たちは、地域の課題を、地域の人々との社会連帯的な取り組みで解決する「社会連帯経営」を広げようとしています。

ワーカーズコープの歴史と運動＝「誰にも居場所と役割のある地域づくり」

〜働く者が「雇われる意識」をこえて、どうしたら主体者として成長・発展できるのかをめざして〜

(1) 1970年代、失業対策事業として行われていた国の事業が廃止、失業克服のための当事者運動から出発。

(2) 第1期、清掃などの委託事業を拡大する中での就労創出―全組合員経営の確立（1987年〜）。

(3) 第2期、新しい福祉社会の創造―高齢者協同組合と地域福祉事業所の設立運動（1995年〜）：

介護の「市場化」ではなく市民自身の手で「社会化」を。コミュニティケアの創造をめざす。
(4)第3期、市民主体の新しい公共の創造へ（2003年〜）
◇社会の大きな変化―公共サービスを市場化・営利化するのではなく、市民化・社会化する……協同労働の働き方で公共を担い発展させる。コミュニティ施設、児童館・学童クラブ・保育園など子育て支援の広がり（359施設）。人間の成長・発達を支援する仕事（ケア労働）と協同労働・3つの協同の深まり。（「働く仲間どうしの協同」「利用者との協同」「地域との協同」）を大切にして、事業と運動をすすめ、地域再生、まちづくりをめざす。
◇リーマンショック〜失業問題、社会的排除に立ち向かう仕事おこしの本格化（2006年〜）
・若者自立塾、サポステ、求職者支援訓練、障害者や被保護者の就労支援等の広がり。
◇社会連帯機構の発足〜制度や事業への閉塞をこえて、地域とつながり社会連帯の運動を。
(5)市民主体の持続可能な地域づくりへ（2011年〜）
①FEC（食・エネルギー・ケア）自給コミュニティ、地域循環型の経済を創造する
②2011年東日本大震災の被災地での起業型人材育成事業の活用―被災地の市民自身が、協同労働で復興に必要な仕事おこしと拠点の広がり。地域資源を活用した仕事おこしへ……自然(農林業・食・直売）と結んで地域共生ケアを展開。
③生活困窮者、被保護者の自立相談、就労準備、学習支援など、ともに生きる地域をつくる（2015年〜）、多くの事業所が、社会的困難にある人を仲間に迎え、共に働く中で職場の協同性のふかまり、「誰にも居場所と役割のある地域づくり」が、分野をこえた共通のテーマ。

(6)協同労働の働き方の深まり、法制化を実現する力に
◇ひきこもりや障害、生きづらさを抱える仲間も、共に地域の支え手として活躍する。
◇地域の方々も協同労働で元気に～地域のことは自分たちの手で！
◇協同労働の実感を語る仲間たちの言葉、「ないならつくっちゃえ」「自分たちで決められる」「夢をかなえる働き方」「〝1人の困った〟を〝みんなのよかった〟に」「安心して自分が出せる」「話し合うことをあきらめない」
◇全事務所が、5つの視点から協同労働の職場づくりの指針をまとめる……協同労働の見える化へ。
◇こうした運動の積み上げで、労働者協同組合法が2020年12月4日に臨時国会で全会一致で成立。

連帯経済をめざす運動として

私たちの仕事を「貧困ビジネス」ととらえる方もおられますが、目的は、ヨーロッパのアソシエーションのように、利潤第一ではない、社会に必要なニーズに応じて働くことで連帯経済を広め、「誰ひとり取り残さない」社会をめざす運動です。

取材の感想：「格差と貧困」「失業」などから地域の多様な需要に応じた事業で雇用を

我が国は、社会福祉や社会保障制度の「貧困」が根底にあり、社会的事業体の運動の厳しさはあると思いますが、そうした点からも、連帯経済をめざすワーカーズコープセンター事業団の益々の発展が必要だと思います。

（2022年9月号）

いつの時代でも誰もが入りたくなる特別養護老人ホームを！

社会福祉法人 こばと会 特別養護老人ホーム いのこの里（吹田市）

施設長　山本智光さんを訪ねて

特別養護老人ホーム「いのこの里」の事業と目的、活動についてお話をお聴きしました。

社会福祉法人 こばと会の事業目的と理念

山本智光さん

社会福祉法人こばと会（吹田市山田西）は、「子どもたちがかがやく笑顔と高齢者の幸福が約束できる町づくり」をめざしています。

理念は、「国民が平和な社会に生活し、ひとりひとりの人権が守られ、その幸福を約束する社会福祉事業を行うこと」です。

法人の事業内容は、保育事業では6保育園。介護事業では、特別養護老人ホームいのこの里、グループホームたんぽぽ、高齢者優良賃貸住宅さくら苑、吹田市亥の子谷デイサービスセンター（指定管理）、吹田市亥の子谷地域包括支援センター（委託事業）、吹田市亥の子谷障害者相談支援センター（委託事業）、吹田市山田地域包括支援センター（委託事業）、計画相談支援センターぽっぽ、配食サービス、社会貢献事業（生活困窮者レスキュー事業）を、職員418名（2022年6月1日）で行っています。

「誰もが入りたくなる特別養護老人ホーム」をめざして

「いのこの里」は街の中にあり、家族が面会しやすいことを生かし、身体のケア・こころのケアは、家族と職員が共同で行います。気軽に出入りでき相談できる地域に開かれた施設です。

家庭の延長として〝その人らしい普通のくらし〟をめざし、心身の状態の変化に応じた援助（ケア）を行っています。地域の中で、〝ゆたかな生活〟を継続するために、近所のスーパーや商店に出かけて買い物を楽しんだり、盆踊り等の地域行事に参加して地域との交流を図り、定期的に保育園児との交流を行って世代間交流をすすめています。

こうした活動は、①「いのこの里」家族会、②年間延べ3000人を超える地域ボランティア、③「いのこの里」を育てる会など、多くの人の協力で支えられています。

地域に開かれた施設をめざして＝運営理念

「いのこの里」は1995年10月の発足の「吹田市内にだれもが入りたくなる特別養護老人ホームをつくる会」による約5年間にわたる住民運動を経て、2000年11月に開所した施設です。多くのボランティアが活躍されているのもそのような背景があるからです。家族会の活動も活発です。特養80名、ショートステイ11名、計91名定員の施設で、デイサービス、ヘルパーステーション、ケアプランセンター、診療所を併設しています。

運営理念は、「たとえ物忘れがあっても、身体が不自由になっても、この街で普通の暮らしが継続できる施設」です。しかし、いまの社会福祉や社会保障の現状は、まだまだそうした願いを満足させる水準には至っていないことも事実です。したがって、利用者や家族、地域住民、そして職員が力を合わせて、みんなの願いが実現できる福祉のまちづくりを目指します。

新たな地域交流の場で福祉課題の解決をめざす「地域交流サロンぽっぽ」

「地域の方々の交流を深める」ことを目的として、「地域サロンぽっぽ」を新たにオープン（2019年6月）。1階はカウンターのある喫茶スペースとしてカフェやサロンに利用、2、3階は会議や研修に活用できます。

地域の要望を取り入れ多彩な活躍の場とするため、地域の子どもからお年寄り、また障害を抱えた方による多彩な取り組みを行っています。

例えば、全国的に子どもの貧困が注目される中、「地域交流サロンぽっぽ」でもいち早く地域の子どもが気軽に立ち寄れる「子どもカフェ」を開設、7月・8月の夏休みは月2回、その他は月1回開催しています。

また、障害をもちながら、すばらしい特技をもっている方たちの作品展示会や、ミニコンサートなどを不定期で行っています。

◇行政や地域の団体と共同のネットワークで、住民のための活動を

地域のアパートで火災があり、公民館へ避難した方への緊急支援や、吹田市内で不発弾が見つかった時の避難移送支援の対応など、行政、吹田社会福祉協議会、近隣の社会福祉施設や団体と共同して住民を支える活動にも取り組んでいます。

◇新型コロナ禍での運営〜医療と介護のひっ迫した状況の改善を

「いのこの里」では感染症対策を徹底し、集団感染は起こりませんでした。悩みは、コロナ禍でいろいろなボランティア活動や行事をとりやめたりしたこと。入所者の生活の豊かさが制約され、ボランティアの方々とのつながり（連携）が弱くなっていることです。

ボランティア活動の再開を待ち望んでおられる方も多く、1日でも早く元のよう感染症対策に努めていきたいと思います。

取材の感想：社会に必要な事業を地域の人びとと共にすすめて

ヨーロッパでは、利益追求ではなく、アソシエーション（共同・共同体）など、社会的課題解決や、社会に必要な財とサービスを提供するもう一つの経済（連帯経済）が進められています。「いのこの里」の活動は、そうした事業活動の一つだと思います。

また、多くの方がコロナ禍を経験し、「ケア」は地産地消でなければの思いも実感されたと思います。特別養護老人ホーム「いのこの里」は、地域の住民の声・要求に基づいて活動されています。社会にはなくてはならない事業活動です。頑張って活動されることを期待しています。

（2023年1月号）

健康で明るい元気な子どもの成長と保護者の就労保障をめざして

社会福祉法人わたぼうし福祉会八尾たんぽぽ保育園（八尾市）

理事長　大前　雅嗣さん
園長　村上由記美さん
職員（元共同保育所所長）　山本　涼子さん

社会福祉法人わたぼうし福祉会の理念と保育目標

社会福祉法人わたぼうし福祉会たんぽぽ保育園［八尾市西山本町（本園）、東山本町（分園）］の保育は、0～1歳児30名（分園）、2～5歳児109名（本園）の保育を職員47名で行っています。

法人の理念と保育目標と保育方針　法人理念～共同保育所の歴史を引き継いで～

①保育を必要とするすべての子どもたちが、安全な場所で保育を受け、健やかに成長できるように力をつくします。
②保護者の就労を保障し、子どもたちと保育士、保護者が共に育ちあう場となるよう尽くします。
③職員が健康で生き生きと働き続けられる職場であるよう力を尽くします。
④子育て相談や一時預かり保育など地域に開かれた場と子育て文化を共有し伝えていきます。
⑤あらゆる保育関係者と手をつなぎ国や自治体に働きかけて保育をより良くするために力をつくします。

保育目標

・健康で元気な子ども
・豊かな感性と見通しをもった子ども
・思いやりをもち、友だちと力を合わせられる子ども
・積極性と探求心を高め、考える力をもった子ども

保育方針

・ひとりひとりの発達をふまえ、その向上に努めます。
・目標を持ち、有意義な集団の中で生き生きと生活する姿を追求します。

たんぽぽ共同保育所から社会福祉法人たんぽぽ保育園へ

たんぽぽ共同保育所は、１９７１年12月に、働く女性の就労を保障するために1人の子どもを預かったことから、翌年の１９７２年にたんぽぽ共同保育所を開所して40期の卒園児を送りだしました。１９７８年分室開設や保護者とともに運動し、２００１年「現施設での小規模認可」を申し入れ、２００２年から２００８年は八尾市の民営化に応募しながら認可保育園をめざしてきました。40年間の運動を通じて共同保育所としての事業活動を発展させてきました。

ようやく念願かなって、２０１２年社会福祉法人わたぼうし福祉会を設立し、八尾たんぽぽ保育園（0～2歳児定員30名）が開所しました。保護者から3歳以上の保育の要望が強くあったのと法人としても就学前までの保育に責任を持ちたいと思いから、分園を30名定員0～1歳児までとし、西山本町に2～5歳

児まで109名定員の本園が2021年に開設しました。

子ども園にはならず、保育園を守って

八尾市では、29あった公立幼稚園と、民営化5カ所の後、残り6カ所の公立保育所を5つの認定子ども園に統合しました。八尾市の民間保育園で、認定こども園に移行せず保育園として運営を続けているのは、久宝寺保育園、やおぎ保育園、八尾たんぽぽ保育園の3カ園だけです。認定こども園に移行すれば、国からの運営費も大幅に増えることはわかっているのですが、児童福祉法第24条第1項の内容を尊重した上で、保育所として運営を続けることにしています。

コロナ禍の中でも休園せずに、子どもの保育と保護者の就労を保障して

八尾市は、コロナ禍でもすべての保育園で休園することなく運営しました。緊急事態宣言中においては、看護師などコロナ対策で社会的な役割などの就労を保障する

ため少人数の対応でしたが、宣言後は、保育の必要な子どもたち全員の受け入れを行いました。

悩みは保育職員がなかなか集まらないこと、身分保障の向上が必要では

悩みは、保育職員が集まりにくいことです。過重労働の上、収入的には、家計を維持できないためか、保育専門分野の教育を受けた方でも他の分野で働く方が多く、若い保育士を確保することが困難な状況にあります。保育園は社会的に大きな役割を担っているにも関わらず、処遇の悪さから保育士としてのやりがいや、働き続ける展望が持ちにくい現状です。仕事にふさわしい抜本的な労働条件の改善が急務だと思っています。

取材の感想：社会に必要な役割を担った社会的事業を育てる社会に転換を

日本では、新自由主義的な政策により、公的な分野まで、すべてを営利目的にする経済政策が進められ、社会的事業分野も厳しい経営状況になっています。

新自由主義の本家アメリカでも、「貧困の深化と格差の拡大」への対策などで、株主資本主義からステークホルダー資本主義への動きもあります。ヨーロッパでは、利益追求ではなく、アソシエーション（共同・共同体）など、社会的課題解決や、社会に必要な財とサービスを提供する、もう一つの経済（連帯経済）の動きが強まっています。

日本でも、公共・協同などの社会になくてはならない事業活動が優先される社会をめざさなければと思います。頑張って活動されることを期待しています。

（2023年9月号）

第2章

地域と生きる事業所活動から見えてきたもの

信用と信頼・支持されながら地域のくらし、コミュニティ、雇用、賑わいを担う「三方よし」の事業活動

(1)建設関係 3事業所

建設関係の事業所は、高度成長期の人口増と大量生産時代の建設ラッシュから、ほぼ成長のない時代への移行と大手建設メーカーの民間住宅などの中小建設企業分野への進出、規制緩和で地元建設業者以外の入札への参入などで、地域の工務店の仕事が激減するなど、経営環境が激変しました。地域の中小建設業者の減少は、台風・豪雨・地震などの対策に弱いまちになっています。

取材した事業所は、地域と向きあい、「地域コミュニティと商売の両立」、「文化財は地域のアイデンティティとしての保護」、「地域の自然環境と向き合った地場産業」など、持続的な地域社会と豊かな暮らしをめざす「三方よし」の事業活動で頑張っておられます。

◇ゴトーたたみ製作所の後藤さんは、地域コミュニティと商売をクルマの両輪として両立させた事業を行っています。高齢になると畳の部屋が欲しくなってきます。こうしたニーズをコミュニティの活動でつないでいます。また、子どもの時から畳に親しみをもってもらうことも大切です。子どもには畳づくり体験会の開催や、作業場に駄菓子屋を開設し、こどもの憩いの場にするなど、「売り手よし」「買い手よし」「世の中よし」の「三方よし」の商売を進めておられます。

◇社団法人造詣社《ぞうけいしゃ》の殿井さんは、遺跡調査のアルバイトの仕事に出会い、その魅力に触れ本格的に事業化。建設会社からの依頼で、工場やマンションなどの予定地での遺跡調査を行いデータ化します。遺跡を工事で壊してしまうことに心を痛め、研究者などと「文化財は、国民・地域住民としてのアイデンティティを形成する重要な要素であると同時に、観光資源としての性格をも有する『国民的財産』」(文化財保護法4条)に基づいて、事業と文化財保護をめざしています。

◇松倉造園の松倉さんは、市の東部の山間の傾斜地という地理的条件を活用した花き栽培と造園業も盛んで地場産業として発展しました。造園は、樹木を植え育てることは農業、それを庭づくりに使うことは建設関連と自然と向きあった事業です。コロナ禍などの経験から、遠方に出かけて景観や癒し、ストレス解消から、自分の家や近くで豊かな緑で美しい環境と癒し効果を求める傾向は強くなり、技術力があれば仕事は増えてくる時代に向かうのでは。課題は、剪定材をゴミではなく、資源として活用する方策が求められています。

元禄時代は100年に一回の繁栄の後、成長なく持続的な社会・経済の中で、大阪の社会は、上方文化で「物の豊かさと心の豊かさ」の両立で栄えた町です。そうした時代を引き継ぐ「三方よし」(「売り手よし」「買い手よし」「世間よし」)で、地域社会の暮らしを支えるための事業です。

(2)製造関係 7事業所

製造業は、高度な技術・品質で高度成長期の繁栄の中心的な役割を果たしました。しかし、1980年代「プラザ合意」以降の大企業の生産拠点の海外移転、「日本型経営の廃止・縮小」で、国内産業の空洞化が進み、「仕事がない」「あっても単価が低く経営がなりたたない」など、多くの製造業が倒産や廃業の危機に追い込まれてきました。大企業の工場内での非正規雇用の増大は、品質管理体制の弱体化

など で、「品質偽装」などのものづくり日本を揺るがす時代になっています。

取材した事業所も同様の倒産の危機がありましたが、時代の変化に柔軟に対応し、低単価・長時間労働の下請けから、下請け時代に学んだ高度なものづくり技術・品質管理・短納期対応などを活かして、「自社製品開発」などで下請けからオンリーワンへと事業移行をはかってきました。

◇株式会社藤原電子工業の藤原さんは、プリント基板の会社を独立開業しましたが、安い単価で長時間働いても儲からない。生活も大変な時期が続きました。バリの出ない工法の研究を10年間続けSAF金型を作りました。そこから大手からも発注があり「オンリーワン企業」に成長し、新製品を開発しながら高い収入を得て人間らしく働ける企業に、また、「従業員が、能力を発揮できる企業、生きがいをもって働けることをめざしています」。企業も従業員も人間らしい豊かさをめざす事業経営です。

◇清本溶工所の清本さんは、親会社の規模縮小に伴いその工場で引き続き創業。量産品の生産が海外移転する中、「品質」にこだわり、業態を溶接からプレス加工・溶接・塗装・組立と単品の製品づくりを行っています。地域の経済への思いは日本の高度な技術・技能を若い人に継承発展をと、堺溶接工業協会副理事長として、市立堺高等学校や府立堺工科高等学校で実習の授業を行うなど、地域として技術・技能の若い後継者づくりをめざしています。

◇株式会社阪和紙業社の藤川さんは、父親が、製袋業の下請として事業を行っていましたが、高度成長の景気のいい時に資金ショートで倒産。生きるためにスリッター加工を始めました。2代目の隆広さんは、ピンチをチャンスにと、下請時代に築いた安い単価と高度な品質で培った高度な技術のノウハウを活かして、「自社製品づくり」を進め、「下請けからメーカー」へと発展させています。また、「環境にやさしい素材」を活用し、地球環境にやさしい経済活動を進めています。

◇株式会社不二新製作所の乙間さんは、父親が亡くなり、後を引き継いだ工場長も高齢となり、「廃業」の危機の中、「会社を潰したくない」と勤めていた大手コンピュータ会社を周囲の反対を押し切って退職し、1年間技術を習得後、引き継ぎ、「深穴加工（ガンドリル加工・ＢＴＡ）は、大阪の不二新」となることをめざしています。ガンドリルマシンで、長さ１０００ミリの加工で、曲り誤差は1ミリ以下という高度な精度加工で、「大阪ものづくり優良企業賞２０１３」にも選ばれています。社内では、みんな「さん」づけで呼び合う対等の関係の職場です。

◇吉持製作所の吉持さんは、大手家電メーカーの下請けとして、反射板の仕事をしていましたが、突然「ゼロ」に。「困った時は行動すること」と大阪市の産業創造館で相談し、「ネット塾」に参加してホームページを作成。そこから、デザイナーなどからの問い合わせで、大量生産に行く前に試作したいなどの制作依頼などが増えました。ヘラ絞りは、手作業と技術力で仕上げるので多品種少量生産に仕事の条件はあります。また、若い人にヘラ絞り体験で「素材と対話しながら加工する面白さを」体験してもらい、後継者作りに繋がると思っています。

◇有限会社ＯＫエンジニアリングの松永さんは、工作機械の設計の会社を設立し、２０００年からファインバブルの研究を始め、マイクロバブル（微細気泡）によって田んぼの水質が著しく改善され、水が透明で美しくなる、水が生き返る効果があることに気づき、以来、ファインバブルの発生のＯＫノズルの開発に取り組んでこられました。

現在では、各地の大学の研究室や、大企業、海外からの引き合いが多くなり、「下請けからメーカー」

へと発展しました。そして、国の補助金を受けて、さらなる経営発展を進めています。海外との商売を進めるために世界特許も進めています。

◇株式会社近藤溶工の近藤さんは、リーマンショックの影響で仕事がなくなり、大打撃を受けました。大手製鉄所の炉の修理を行い、仕事を通じて大手製鉄所のシステム、安全基準などを学びました。新しい工業炉の製作は減少しましたが、補修や改修の仕事はあります。小まわりのきく小企業の便利さと、大手がやっているノウハウを独自に取り入れ、仕事の改善で、「うちの仕事をしてくれたら」とお客さんと出会うことができました。また、年2回、地域のまつりで地車の休憩所として地元の人に朝から工場を開放して、地域の交流の場を提供しています。

製造業は、高度成長期の花形産業から、一転、大変きびしい経営環境の中、多くの廃業と倒産に陥りました。取材先は、「下請けからメーカー」への「オンリーワン企業」、「日本の高度な技術を生かしたものづくり」、「自社で製品開発づくり」、「超高度な穴あけ加工」、「技術を生かし多品種少量生産」、「自然界にある力を活かしたノズルの開発」、「新たな製品開発からメンテナンス」など、下請け時代に培った高度な技術と品質、大企業のノウハウを小企業に合わせて活用、自然界の法則の発見など、創意工夫で発展しています。

同時に、働きやすい職場づくりや地域との交流に役立つ場としての活動など、株主資本主義の弊害から、利害関係者すべての利益をめざす「ステークホルダー資本主義」も実践しています。「売り手よし（事業所よし）」「買い手よし」「世間よし（地域の社会よし）」の「三方よし」の事業活動です。

(3) 卸・小売業関係 4事業所

卸・小売業関係は、商業関係の規制緩和と労働法制の規制緩和による非正規・低賃金雇用などで、大型商業施設の進出、大手チェーン店の進出など、大変厳しい現状です。全国の商店街の9割が衰退といわれるほどの商店街・小売業者衰退と減少、そして、「買い物難民」や買い物の選択肢減少による「フードデザート（食の貧困）」で栄養失調を招くなど社会問題も発生しています。卸業も「生産者→卸・問屋→小売」のシステムがアメリカとの日米構造協議でなくなり、厳しい現状です。

取材した事業者は、こうした中で、地域と密着、地域資源を活かすなどの創意工夫で経営を維持・発展させています。

◇旬野菜おかげ屋の又野さんは、電気店を引き継ぎましたが、電気製品は大型店で安く販売され経営は大変厳しい現状。商店街のイベントで、知り合いから新鮮な野菜を仕入れて販売しました。お客さんからの「続けてほしい」との要望に、思い切って転業。「旬野菜おかげ屋」を開業し、その隣においしい野菜ジュースとコーヒーを提供する「おかげ屋のとなり」。また、地域に文化の発展をと、「おかげや寄席」と地域寄席も行い、又野さんは「おかげやまめ助」の芸名で高座に上がります。

◇ふとんのマルイ：井川達也さんと、ふとん工房夢綿輔：井川大輔さんは、「遠い国から安いものをさがすより、今あるものを大事に」、「いい夢が見られる助けになるふとんづくり」をめざしています。ふとんと人の付き合いは長いものです。生まれてから亡くなるまでの人生の3分の1がふとんとのお付き合いです。ふとんを長持ちさせ、健康で暮らすためにも、メンテナンスが必要です。ふとんをいろいろな用途で長く使っていただくことで、環境改善にも役立つ商売をめざしています。
◇有限会社タカギシステムの髙木さんは、勤めていた機械工具の商社を早期退職して、商社を開業し家族経営で事業を行っています。仕事は大手企業から注文を受け、中小企業に部品加工を依頼する、東大阪市の産業集積のメリットを活かした商社経営を進めています。リーマンショック後は、企業の設備機械が専用機からマシニングへ大きく変化しました。そうした環境変化に対応しています。
東大阪の産業集積は、古い設備で高度な技術で精度のあるものをつくるローテクの職人企業の役割も大きいですが、大企業の要望に対応するためには、ハイテク設備の中小企業の割合が多くなれば強みが増していくと思っています。
◇有限会社関紀産業の川上さんは、養豚農家を経営し、「大阪泉州ブランド豚・犬鳴ポーク」を育てて提供しています。トウモロコシ中心の配合飼料から、地元の近隣の食品工場から出る食品の残り物・残飯などの地域の資源を活用して、独自の製法でつくった飼料は、大阪泉州のブランド豚の「美味しい肉を仕上げて提供する」、あっさりとして甘味のある脂質を実現し、養豚から販売まで行い、「大阪産《もん》ブランド」として、地元のホテルや旅館、大阪市内のお店での販売などに広げています。
新鮮な野菜の販売、おいしい野菜ジュースとコーヒーの提供と、地域に文化の発展をという、「おかげや寄席」と地域寄席の活動。ふとんを長持ちさせ、健康で暮らすためにも、メンテナンスが必要。「よく睡眠でき、健康で安心して暮らせる商品とサービスの提供」をめざして、使い捨ての環境負荷型の社会の改善をめざす事業活動。大量生産から多品種少量生産の時代の変化と、東大阪市の産業集積のメリットを活かした商社経営。地元の近隣の食品工場から出る食品の残り物・残飯などの地域の資源を活用した飼料で、大阪泉州のブランド豚の「美味しい肉を仕上げて提供」など、地域資源を活かし、顧客のニーズに対応し、社会に役立つ事業経営、環境にもやさしい事業です。まさに、持続的社会に見合った事業経営であり、「三方よし」の経営です。

(4) 飲食サービス関係 3事業所

飲食サービス業は、製造業の撤退など地域産業と働く世代の減少、大手チェーン店の進出で顧客の減少など、経営が厳しい現状です。コロナ禍での休業や時短営業、酒類の提供禁止などの厳しい経営環境の中を乗り越え、創意工夫で、飲食やコミュニティの場の提供と、中小事業者だからこそできるサービスを提供しつつコミュニティの場として頑張っています。まさに、地域の人々を中心に、ものとサービス提供する「三方よし」の商いです。

◇喫茶合歓木《ねむのき》の田村さんは、近所に大企業の工場がある時は、働く人への「日替わりランチ」の提供で、店を「社員食堂」のようにしながら地域の方の憩いの場として営業してきました。その会社が移転してしまい大規模商業施設に変わり、関連中小企業も縮小して生産人口といわれる若者や壮年層が減少して、まちは高齢化が進む中で、高齢者の交流と憩いの場として経営を行っています。

◇居酒屋かっちゃんの門田さんは、元気に働き・暮らす市民の癒しと交流の場を提供しています。居酒屋は、お客さんが本音で語り合えるお店です。お客さんが気軽な対話のできる店です。コロナ禍では、約1カ月休業し、時短営業と9席あったカウンター席を5席にして、お客さんの間隔を広くして再開しました。そのために、1日に5人来られたらいいほうです。お客さんも当分は常連客中心で、安全なお店経営をめざしています。

◇「食と酒」居酒屋かるだんの五十嵐さんは、「安心して飲める価格で安心・安全に、美味しい食事が食べたいニーズに対応」しています。コロナ禍で時間ができた時は、新しい商品開発や、お店に来られないお客さんに美味しい料理を続けることなど、お客さん本位で進めてこられました。卓球関係の方やプロレス関係の方の集いの場としても活躍しています。また、産業創造館の「飲食虎の穴」で研修を受けた経験もあり、若手の育成も行っています。

「合歓木」のように、地域の経済環境の変化はまちの変化に表れます。産業集積の減少で若者や壮年層が減少したら、「社員食堂」的な経営から地域の高齢者の交流・憩いの場にと、地域の経済環境の変化に対応しながら事業経営。

「居酒屋かっちゃん」は、元気に働き・暮らす市民の癒しと交流の場を提供。お客さんが本音で語り合えるお店です。コロナ禍で厳しい現状ですが、常連さんに励まされながら頑張っています。常連客もストレス解消・気軽に食べ・飲み、話し合える場は必要です。そうしたニーズに支えられて事業を進めています。

「食と酒」居酒屋かるだんは、学生のときから将来飲食店をしたいという思いを叶えたお店です。「安心して飲める価格で安心・安全に、美味しい食事が食べたいニーズにこだわって対応しています。コロナ禍になれば、新しい料理やお店に来られないお客さんに届ける工夫などしています。また、若手の育成など飲食業界の発展にも貢献しています。

地域社会の中に安心とくつろぎ、交流と憩いの場を提供する「三方よし」の経営です。

(5)サービス（飲食以外）関連 4事業所

サービス関係では、地域の産業構造の変化、規制緩和による大手チェーン店の進出、商店街の衰退などの変化の中で、経営環境も大きく変化しています。

こうした中でも、地域で生きる事業所として、地域に役立つ事業、お客さんのニーズにもとづく事業展開で頑張っています。

◇第一印房の仲河さんは、印房を引き継ぎ47年間経営、商店街の衰退、町工場の減少、通販、ネット販売、パソコンと連動した彫刻ロボットなど、経営環境の変化の中、「なにわの名工」、「マイスター」を受賞して職商売人として、地域密着でネットワーク、消費者ニーズに対応した商品開発で商売を維持・発展させています。（本来は、小売業者ですが、職商人として新たなサービス提供をめざしており、サービス業として紹介しています）。

◇ふじいでら温泉の廣田さんは、石川県から大阪に出てきて公衆浴場に就職し21歳で独立開業。大阪府下の公衆浴場は、最盛期３０００軒から現在５００軒と8割以上が転廃業しています。業界は厳しい現状ですが、銭湯の効能は、「免疫力の向上・精神安定・体の機能向上・老廃物の排出・呼吸器の機能向上・疲労感の軽減」と、社会的な役割が高く評価されています。地下40メートルから地下水を活用して、「ふじいでら温泉のお湯は、汚れがよく落ちる」と評判になっています。地域社会に役立つ事業として継続発展をめざしています。

◇ヘルパーステーションあゆみの古谷さんは、「軽福祉タクシー」と「介護サービス」の事業を行っていました。河内長野市で介護タクシーは当初1社でしたが、現在は20社に増えたことと、高齢運転をやめるため、同業者に引き継ぎ、２０２３年11月に廃業し、ヘルパーステーションの事業を中心に行っています。地域社会に必要な「ケア」で、地域に役立つ事業を継続しておられます。

◇ギャラリーサイクルケアの板床さんは、親の管工事を引き継ぎましたが、規制緩和で仕事は厳しく、廃業し、新たな分野の仕事に挑戦を考えました。大正区は、川と川に挟まれた地域で、市民の足はバスと自転車になっており、市民1人が1台の自転車を持っていると言われています。市民の足となる自転車をスポーツバイクから一般軽快車・小径車まで取り扱う自転車店です。市民の暮らしを支え役立つ事業として活躍しています。

どの事業所も、地域の暮らしに役立つことを前提にしています。そのことが地域で事業を行う条件だと思います。地域の暮らしに役立ててこそ事業が営める、市民と双方向の事業です。まさに「三方よし」の経営と言えます。

(6)農業関係 ３事業所

大都市に製造業の集積を造るための工場用地と人口増に対応するために、都市農業は、潰される政策が進められてきました。さらに、１９８５年の「プラザ合意」以降、農産物の自由化の拡大で都市農業は衰退し、後継者不足や、耕作放棄地の拡大などの課題を抱えています。

脱工業化といわれる時代で、事業所・雇用も「サービス産業」が多くなるように変化しても、世界では、人口の爆発的増加と地球温暖化で近いうちに「食糧危機」が訪れると言われる時代に、食料自給率を向上させる政策もない厳しい事業環境ですが、そこに矛盾を感じた若者の農業参入が広がりつつあります。
◇農民組合大阪府連合会と、農民組合産直センターは、「野菜ボックス」運動を行い、「大阪の農産物が食べられる。大阪の農地と農業を守る」を消費者と生産者が理念を共有した運動として広げました。出荷農産物は、地域の組合と連携して取り組み、安心・安全・新鮮な野菜を、旬の時期にお届けしています。
2015年「都市農業振興基本法」の制定と都市農業の維持・発展をめざす法律が制定されました。自給率1%と言われる大阪の都市農業に少しは明るい展望も見えてきました。
◇世界では爆発的に人口が増加し、地球温暖化で耕作地の減少で近づく食糧危機の中で、日本では農地の耕作放棄地が多くなっています。農業経営者（能勢町）の吉村さんは、「食は生命の根源、輸入ではなく地元で作るべき」と、農業に参入しました。
農村での暮らしは、農作業はしんどい面もありますが、地域には人間的にあたたかい農村共同体的な連携、失われた日本の地域社会の良さが生きていて暮らしやすいです。地域の活動と、4Hクラブ（農業青年クラブ）で、情報交換などの活動もしながら、大都市近接のメリットを活かせば都市農業は発展すると思っています。
◇山田農園の山田さんは、ものづくりの喜びと、家族とともに人間らしく暮らすために農業に参入されました。ものづくりの企業で勤めていましたが、朝7時前から出勤し、3人の子どもが寝てしまった夜10時に帰る毎日で、家族との時間が取れない日々に悩んでいました。仕事は部品加工で、ものづくりの喜びが感じられない日々でした。そうしたなか、豊かな自然に囲まれ、作物の植え付けから収穫まで、日々成長を見ながら働ける農業に関心をもちました。現在は、河南町の2反の畑でニンニク・ホウレンソウ・芽キャベツを栽培、富田林市では、1反の畑で白菜・ブロッコリー・キャベツを栽培しています。大阪の食料自給率は1％と言われています。世界での爆発的な人口増加と地球温暖化での耕作地の減少で、将来食糧危機が訪れると言われています。そうした社会的課題に向き合う若者の農業への参入は、明るい話題です。もっと広げるために、都市農業振興法に基づいて都市農業の発展を進め、大阪の食料自給率を大幅に引き上げていくことが重要です。

(7)社会的事業所・事業体関係 5事業所

利潤第一主義・株主優先の新自由主義的政策による地域経済・暮らし・環境などへの弊害が増える中、アメリカではステークホルダー資本主義（利害関係者すべての利益）の動き、ヨーロッパでは、連帯経済で公益性優先で、利潤第一ではない社会的役割を担った協同組合・協同体（アソシエーションなどで、フランスでは雇用の10％以上になっている）の役割の評価が高まっています。

こうした中で、日本での社会的事業所・事業体の役割や現状と課題の取材に取り組んできました。

◇第二さつき障害者作業所は、障害者作業所の活動を地域と共に多文化共生のとりくみをめざしています。施設建設の時には、地域住民の中からは、様々な不安の声もありましたが、地域の福祉委員会のみなさんが施設関係者による「説明会」に一緒に参加して、障害者や福祉への理解に力をかしてくださいました。開設時より多くの市民、とりわけ西山田地域の方々には様々なボランティアとして支援していただき、地域と共に作業所を運営しています。

◇特定非営利活動法人地球環境市民会議（ＣＡＳＡ）は市民の立場から、科学的な根拠を持った情報を提供し、国内外のＮＰＯ・市民・科学者と連携しながら、平和で公正な持続可能な社会を目指しています。未来を担う世界の子どもたちのために活動しています。

市民講座は、知らせ・広げる場、調べ・考え・提案する場として活動の柱となっています。「情報に精通し、自立し、行動する市民」の育成を目的に開催、一貫して気候変動問題を軸に据え、市民に質の高い最新の情報を届けることを大切に開催しています。

◇日本労働者協同組合（ワーカーズコープ）センター事業団関西事業本部は、働く人びと・市民がみんなで出資し、自ら経営に参加して、生活と地域の必要に応じて、よい仕事と地域づくりをめざして、生活と地域を担う総合的な分野で仕事おこしを推進しています。目的は、ヨーロッパのアソシエーションのように、利潤第一ではない、社会に必要なニーズに応じて働くことで連帯経済を広め、「誰ひとり取り残さない」社会をめざす運動です。

◇社会福祉法人こばと会・特別養護老人ホームいのこの里は、「子どもたちがかがやく笑顔と高齢者の幸福が約束できる町づくり」をめざしています。理念は、「国民が平和な社会に生活し、一人ひとりの人権が守られ、その幸福を約束する社会福祉事業を行うこと」を目的としています。家庭の延長として〝その人らしい普通のくらし〟をめざし、心身の状態の変化に応じた援助（ケア）を行っています。

地域の中で、〝豊かな生活〟を継続するために、近所のスーパーや商店に出かけて買い物を楽しんだり、盆踊り等の地域行事に参加して地域との交流を図り、定期的に保育園児との交流を行って世代間交流を進めています。

◇社会福祉法人わたぼうし福祉会八尾たんぽぽ保育園は、健康で明るい元気な子どもの成長と保護者の就労保障をめざして、一人ひとりの発達をふまえ、その向上に努めます。目標を持ち、有意義な集団の中で生き生きと生活する姿を追求します。

認定こども園に移行すれば、国からの運営費も大幅に増えることはわかっているのですが、児童福祉法第24条第1項の内容を尊重した上で、保育所として運営を続け活動しています。

日本では、新自由主義的な政策により、公的な分野まで、すべてを営利目的にする経済政策が進められ、社会的事業分野も厳しい経営状況になっています。

新自由主義の本家アメリカでも、「貧困の深化と格差の拡大」への対策などで、株主資本主義からステークホルダー資本主義への動きもあります。

ヨーロッパでは、利益追求ではなく、アソシエーション（共同・共同体）など、社会的課題解決や、社会に必要な財とサービスを提供する、もう一つの経済（連帯経済）の動きが強まっています。日本でも、アソシエーション・協同組合などの、社会になくてはならない事業活動が優先される社会をめざせば、公益性と社会的課題の解決に向けた社会的事業所は一層発展すると思います。利潤第一主義の経済で、社会で地域経済・暮らし・環境などへの弊害が増える中、社会に必要な役割を担った社会的事業を育てる社会に転換することが必要です。

経営的にみると、取材先の事例は、厳しい経営環境を創意工夫で乗り越えていっており、多くの方の経営改善のヒントや参考になる素晴らしい事業活動です。

しかし、経済的に見ると、多くの問題を抱えています。多くの方が経営危機で、後継者不足や廃業・倒産の危機にあります。

本来、経済とは、洋の東西を問わずより暮らしを豊かにすることが目的。古代中国の経済の語源「経世済民」は「経」（東経・西経の経糸）で世をまとめ、「済」（平等に均して）民を救済する意味です。経済のあり方については次章から検討していきたいと思います。

第3章 「三方よし」の事業活動を考える

府民の所得を引き下げて、グローバル企業や大企業の儲けを増やすのではなく、持続可能な環境・社会をめざす経済活動で、暮らしの豊かさと社会的富を増やすこと

(1)「三方よし」とは

「三方よし」とは、「売り手よし」「買い手よし」「世間よし」の経営です。

「三方よし」の原典は、江戸時代中期の近江商人である中村治兵衛が孫に残した書置にあるとされ、そこには、「他国へ行商するとき、自分のことだけ考えず、その国の人々を大切にし、私利をむさぼってはならない」という家訓（たとえ他国に商い参り候でも、この商い物、この国の人、一切の人々、心よく者と申され候ようにと、自分の事と思わず、皆人よき様と思い）とあり、自分の事よりも、お客さんのことを考えて、みんなのことを大切にして商売すべき、という風に書かれていました。

「三方よし」とは、「商売は売買の当事者だけでなく、社会全体を利すものでなければならない……こうした理念に基づいて商いを励み、全国各地で信頼を築きあげてきた」（廣池、２０１７）。近江商人の事業活動をもとに、第2世界大戦後に、近江商人の理念を示すものとして「三方よし」がキャッフレーズとして使われだしました。

「三方よし」の経営理念は、「利益第一、利益を目的に人は行動する経済理論とは大いに異なり、世の中の需給を調整するのが商人の任務で、その任務を遂行したときに、余沢として利益が得られるという商人の社会的責任を重視する理念」（小倉、２０２０）、という、経済理論であり、経営理念です。

(2)不況の時に指針となった経済理論・経営理念

江戸時代の元禄時代の100年に1回の繁栄後の長期不況には、石田梅岩「商人道」が発展し、近江商人「三方よし」の経営理念が発展し、幕末の不況には、二宮尊徳の「農業道」や近江商人の「三方よし」の経営理念も発展しました。

石田梅岩は、『都鄙問答』で「商業の本質は交換の仲介業であり、その重要性は他の職に劣るものではない……商いの持続的発展のためには、社会的責任が必要と説いた」（満田、2021）。日本の商業道徳の原点として、世に受け入れられました。この哲学は、「三方よし」の内容に似通ったものであり、近江商人の多くが石田梅岩の哲学を経営に役立てています。

二宮尊徳は、『三才報徳金毛碌』で、「公明正大」な商業を求めました。そして、近江商人の「三方よし」と同様に、売り手も、買い手も喜びをもって取引できる市場の発展を商人に託した」（池上惇、2012）。尊徳の思想は、明治維新の「公益優先」をめざす渋沢栄一にも引き継がれていきました。

「ステークホルダーを広く意識した経営の考え方は、日本では脈々と流れ今日に至っている。近江商人の『三方よし』、渋沢栄一が掲げた『道徳経済合一』『義利合一』の理念は正にそれにある。渋沢は、企業の目的は利益の追求であるが、その根底には道徳が必要であり、国や人々の繁栄に対して責任を持たなければならない」（十名、2023）。

石田梅岩も二宮尊徳も近江商人の「三方よし」、渋沢栄一はこれと関連性をもって、「公益性」重視の経済・経営理念・理論に反映し実践しました。

(3) アダム・スミスの経済学と現実の乖離

「経済学の父」といわれるアダム・スミスの「神の見えざる手」(国富論)は有名です。「自由に行う商売で経済は発展する」として市場原理を説明しているようですが、彼は『国富論』の前に発表した『道徳感情論』では、「経営者はモラリスト」として、富者の富は貧しい人にも公平に分配し、社会に役立つことを前提としなければ……と述べています(地域と生きる事業所訪問、飲食サービス業「合歓木」取材の感想より)。

しかし、新自由主義によって、「利潤第一主義」で事業経営を煽り、モラリストでない経営者が多くなり、新自由主義経済と市場原理だけでは、「格差と貧困」「富の偏在」「地球温暖化」「環境破壊」「様々な社会問題」などを引き起こして社会はよくならないのではないでしょうか。

むしろ、「公益性」と社会に役立つ事業活動を進める日本の経済・経営哲学の方が現代社会の課題解決に適しているのではないかと考えます。

(4) 大阪の商いにもよく似た経営理念が存在

①大阪の事業活動の事例

大阪でも、「商売は売買の当事者だけでなく、社会全体を利すものでなければならない」、こうした経営理念にもとづいて商いに励んだ事業活動が多くあります。

少し紹介すると、アメリカ発のコンビニエンスストアが現在有名ですが、日野近江商人は、関東の地方都市に小規模・多店舗経営を行い、近江の地元の産品以外は、その地域の農家や工業者から買い入れ、地域の経済循環と地域振興、地域貢献で地域の信頼を得て経営を発展させました。大阪では、「よろずや」として地域の暮らしに必要な商品を地元の産品を購入して販売する仲介業者として、地域循環で地域経済活性化に貢献しながら、地域の住民組織の活動や地域のまつり、地域文化の継承などの社会貢献活動も進めていました。

また、近江商人のように、地方から大阪で商いをしたいくつかの例では、石川県の今回の地震で被災された地域出身の方が多い、豆腐屋、風呂屋、ホテル経営など、地域の需給に見合った経営規模で事業を展開。さらに、豆腐屋さんに聞いた話ですが、「豆腐屋は、朝早くから冷たい水を使いを重労働のため神経痛になる方も多かったので、そのときは稼いだ資金をもとに、風呂屋さんやホテル経営」に業種を変わったと言っておられました。人を大切にする経営が行われていました。

広島県因島市出身の方の多い牛乳店。大阪の牛乳屋さんは村上さんという氏が多いように、昔の村上水軍の地域出身の方が多いです。因島で乳牛を飼育し、大阪で牛乳店を経営し、店販売と配達で地域の需給を満たす経営を行っています。

愛媛県新居浜市出身の方の多い割賦販売など店販売と訪問販売とで地域の需給にもとづく事業。出身地の産品による地元振興と地域の人の数や、地域の経済的な条件に合わせ、その地域にある資源を活用し地域振興と併せて、地域の需要に合わせ、地域に必要な商品とサービスの提供で地域に貢献する事業活動など、経済の成長や衰退期にも、人口密集や減少、人口の少ない地域にも対応できる持続的な社会発展のための事業活動を行っていました。

このように、「公益性」を重視し、地域社会に必要な商品とサービスの提供と地域貢献の事業活動など同様の経営理念で事業活動を行っていました。住んでいる住民主体で、地域の需給に合わせて事業を行う。そうした、広い意味で「三方よし」の事業活動を行っています。

また、商店街の小売店も店販売と配達販売等を行っていました。こうした事業活動のある地域社会なら、現在のように、「買い物難民」や商店街の衰退などで買物選択肢の減少による「フードデザート（食の貧困）による栄養失調」は起こらなかったのではないかと思えるような地域社会に役立つ商いであったと思えます。

②大阪での経営理念

大阪の経済の中心には船場があります。そこからの経営理念では、パナソニックの創業者松下幸之助氏は、「企業は社会の公器」「物を作る前に人をつくる」「共存共栄」（パナソニックミュージアム資料より）と、人の大切さと現在のステークホルダー資本主義につながる「共存共栄」を謳っています。

最後の船場商人といわれた和田亮介氏は、「〝扇子商法〟で、暑い時にはいっぱい開いて使うけれども、いらん時には小さくたたんでおくやろ。経営もこれと一緒、いつまでも続く好景気なんぞはどこにもあらへん。必ず次は不景気や。反対に不況というものは必ず、次の好況を呼ぶもの。……その時々にすぐ応じられるように、常から準備」（和田、1994）と、不況の時は、次の繁栄に向けて人材育成を説いていました。

こうした、経営理念が、大阪全体で実践されれば、商店街の衰退で買い物難民や買物選択肢の減少による栄養失調、地球温暖化や環境破壊からも、一定は回避できたし、次の繁栄に向けた準備もできたのではないかと思えますが、利潤第一主義の新自由主義経済は、上記の事態とは全く逆の方向に向いているのではと考えられます。

大企業は大量のリストラや、非正規雇用による生活の維持も厳しい低賃金、非正規雇用の増大で工場内の品質管理体制が壊れ、品質偽装で商品を販売し日本のものづくりのブランド力を低下させています。とくに、労働者の非正規化は技術・技能の習得で高い品質・ものづくりの原点を破壊するもので新たな発展の芽をつむ最悪の政策と考えています。

ヨーロッパなどでは、職業訓練所が充実しており、そこで技術・技能を習得して就職するので、最低賃金（職業別賃金）も高いですが、日本は、終身雇用が前提でしたので、企業内で技術・技能・ノウハウを習得するため、若い時は研修期間として賃金が低い、そして熟練と共に上がっていく仕組みでしたが、その低い賃金を利用して低い最低賃金を実施したことは、大企業に一時的な利益をもたらしても、不況を克服し新たな発展をめざす人材育成が出来ないのではないでしょうか。大企業の品質偽装はその典型で、さらに日本の不況は続く危険性を招き、社会では、人口減少に拍車をかけるのではないかと考えます。

(5) 取材から見えてきた社会的事業所の活躍と改善の課題

「地球沸騰化は一刻の猶予もゆるさない、深刻な現状」「格差と貧困」「富の一極集中」と非正規雇用が雇用労働者の4割に達するなど、暮らしにくい社会になる中で、株主優先の資本主義から「ステークホルダー資本主義」に向けた動きや、ヨーロッパ始め、「連帯経済」、コモン（共同体）、アソシエーション、NPOなどの「利益ではなく、社会の必要性にもとづき公益性や公共性などを目的に活動する」事業所への雇用増などの世界的な流れの中で、現代日本の社会的課題の解決のための社会的事業所の調査を行いました。

課題は、日本のNPOの職員の収入は、非正規並かボランティア活動などの低賃金で、アメリカの公務員並み、ヨーロッパのそれ以上に比べて、続けて活動していけない面も感じています。福祉の事業所でも厳しい状況です。八尾のある社会的事業所の職員から、「寿退社」て、知っていますか？と言われました。我々の年代では、女性の方が結婚を期に退職することでしたが、現在の福祉の職場では、結婚を期に家族の生活のために、男性が退職することを「寿退社」と聞いて大きな衝撃を受けました。もう一つは、活動の目的が「社会貢献」などに限定されていることです。こうしたことが、社会的事業所の発展を阻害しているのではと考えています。

(6) 大阪経済の再生をめざす（『おおさかの住民と自治』誌より）

①「おおさかの住民と自治」誌の特集

『おおさかの住民と自治』誌では、経済と環境について特集が行われてきました。『特集：自治体の産業政策を考える』（２００８）。『特集：中小企業が支える地域経済』（２０１２・11）。『特集：安心して暮らせる雇用を支える』（２０１４・11）。『特集：大阪の地域経済を考える―もう一つの経済は可能か？』（２０１６・11）。『特集：最低賃金引き上げと中小企業・小規模事業者の支援で地域経済の活性化を』（２０１８・１）。『特集：再考・小商いの意義と可能性』（２０２０・１）。『特集：自然と共生する地域社会・経済を支える』（２０２０・５）。『特集：ＳＤＧｓの土台―環境危機対策と自治体の役割』（２０２２・１）。『特集：大阪経済の新たな方向を探る』（２０２３・１）。

その中から、「再考・小商いの意義と可能性」と『大阪経済の新たな方向を探る』をもとに考察します。

②『再考・小商いの意義と可能性』

『特集：再考・小商いの意義と可能性』では、「小商いが地域を豊かに」と、経済の目的は、洋の東西を問わずより暮らしを豊かにすることが目的。古代中国の経済の語源「経世済民」は「経」（東経・西経の経糸）で世をまとめ、「済」（平等に均して）は民を救済する意味と目的を明確にしています。中小企業・小商いが、１９９０年代から減りだし、21世紀になってから減少の勢いは増しています。とりわけ家族中心の小商いの減少が最も大きい。高齢化で、歩いて買い物ができない、台風や災害などの復旧も暮らしと密着した小商いが減少してままならない社会になっている、こうした現在でも、「売り手よし、買い手よし、世の中よし」の「三方よし」の小商い経営で地域の暮らしやサービスを支えて豊かに暮らせる地域社会の要となって小商いを行っている方も多くあります。現在、経済は日本でも世界でも、「拡大・成長」から地球の温暖化対策、資源枯渇対応や環境問題からも「持続的な地域社会・地域経済への移行の時代にあります」。として、経済の本来の目的と「地域の暮らしやサービスを支えて豊かに暮らせる地域社会づくりを担っている」活躍について、三方論文「商売の新発想」、桑原論文「身近なレベルの経済の層で『自営業』を増やす政策を考えませんか」、桜田論文「東住吉区で地域経済を考える」を発信しています。

③『大阪経済の新たな方向を探る』

『大阪経済の新たな方向を探る』では、維新政治の進める「万博・カジノ」主導の経済政策に対して、経済のもう一つの選択肢をイメージする目的として、岡田論文では、全国的に見て、大阪が成長しているという事実がないこと、桜田論文では、その原因が万博・カジノを口実とした不動産開発に偏した経済政策の失敗にあることを示し、立見論文では、フランスの状況を紹介しつつ、本稿で初めて「連帯経済」についての理論的な整理が行われ、参加民主主義という政治と非貨幣経済という経済の両面が重要なことを明らかにし、価格に集約・簡潔するという市場取引と違い、その生産過程や背景や社会的影響までをトータルで組み込む点で市場経済とは異なる「もう一つの経済」、連帯経済での地域経済振興を提起しています。

以上の諸点をもとに、第4章では、現代社会の現状と課題を環境・経済・社会から考察します。

第４章　環境・経済・社会から考える

現代社会の現状と課題

(1)「気候変動」→「気候危機」→「地球沸騰化の時代」危機に直面する地球環境

①危機的な地球温暖化の現状

地球温暖化は、「気候変動」→「気候危機」→「地球沸騰化の時代」へと進んでいます。社会、経済をどうするかは、「地球沸騰化の時代」と言われる地球環境の危機的な課題の解決なしには考えられません。環境・経済・社会を一体的に捉えた対応が必要な時代です。

国連のグテーレス事務総長は2023年3月20日IPCC第6次評価統合報告書の公表に際して、「人類は薄氷の上を歩いています。しかもその氷は急速に溶けつつあります。本日発表された気候変動に関する政府間パネル（IPCC）報告書に詳述されているように、この200年間の地球温暖化は、ほぼすべてが人類によって引き起こされたものです。過去半世紀の気温上昇は、2000年間でもっとも高くなっています。二酸化炭素の濃度は、少なくとも200万年間で最高です。気候の時限爆弾が時を刻んでいます。本日のIPCC報告書は、気候の時限爆弾の信管を抜くための教本です。経済協力開発機構（OECD）加盟国は2030年までに、その他すべての国々は2040年までに、新たな石炭使用を停止すること」とメッセージを送っています（浅岡、2023・3）。

しかし、日本は、G7国の中で石炭火力を2030年までに廃止しない唯一の国となっており、世界の温暖化対策の足を引っ張る現状です。

ヨーロッパ諸国は、地球温暖化対策・環境改善、社会的貧困の解消などと合致した経済発展をめざしていますが、日本は、環境対策と経済発展は対立するものという主張に固執し、「気候危機」「地球沸騰化の時代」にふさわしい政策転換が出来ていない環境後進国です。

②地球温暖化：気温上昇1・5℃と2℃の生活や生態系への影響

	1・5℃上昇	2℃上昇
洪水リスクにさらされる	100%増加	170%増加
穀物生産		減少率が拡大
陸地の生物	昆虫6%、脊髄動物の4%植物の8%の生息地が半減	昆虫の18%、脊髄動物の8%植物の16%の生息地が半減
海面上昇	2100年までに26～77センチ上昇	2100年までに30～83センチ上昇
サンゴ礁	白化で70～90%減少	99%減少
海洋漁業	年間漁獲量が150万トン減少	300万トン以上減少

（環境省資料より）

③ヨーロッパのドイツやオーストリアなどと比較すると、環境対策とともに経済政策の遅れ

再生可能エネルギーは、世界で急増、2020年～23年は史上最高ですが、日本は停滞し、地震国

では原発の撤退が進んでいますが、世界の地震の2割、火山の1割と世界でもっとも原発が向かない国なのに日本では原発の再稼働・新設計画などが進んでいます。国の将来と国民の安全・安心を無視した環境政策です。

ヨーロッパのドイツやデンマークで再生可能エネルギー普及が飛躍的に進む理由としては、①先進的な地球温暖化対策と再エネ普及政策、②市民・地域主導の再エネ普及、③普及促進による多くの社会的好影響……地球と地域の環境保全（CO2削減やリスク軽減）、経済発展（将来性のある産業発展と雇用創出）、④エネルギー自給率向上（エネルギー安全保障）、化石燃料やウラン等による社会負担減、地域とくに農山村地域の活性化、⑤高齢化・過疎化防止、社会における協力・協同関係や環境意識向上、国際貢献（「国際再生可能エネルギー機関」設立、途上国支援）等で、再エネ普及推進への国民の支持率が高く、先進的政策を採用しやすいこと（和田、2024・5）。と、地球と地域の環境保全と経済発展（将来性のある産業発展と雇用創出）、エネルギー自給率向上（エネルギー安全保障）の実現で国民の支持を受けているからです。

日本は、ヨーロッパの国々よりも再生可能エネルギーの資源（太陽光・太陽熱、風力＝山や陸地、海など）、水力、バイオマス、地中熱はドイツやオーストリアよりもあるのに転換しようとしません。「貿易立国」でなくなり、食料やエネルギー資源の輸入で貿易収支が赤字になっても続ける。国民の暮らしや安全、産業発展と雇用拡大をめざそうとしていないのではないでしょうか。

高度成長の時代にアジアで唯一「工業立国」として100年に一回の繁栄をしました。しかし現在は、「脱工業化」の時代、新たな繁栄と地域経済の活性化からも環境保全や地球温暖化対策による新たな産業創出と発展、雇用創出と、時代の変化に見合った政策に転換すべきだと考えます。

④環境破壊と感染症のまん延―アグリビジネスが引き起こすもの
――アグリビジネス主導の工業的大規模農業による温暖化と感染症のまん延からの脱却を

現在、地球温暖化は急速に進み、人類、生物の生命の危機、環境の危機が言われています。

国連の「気候変動に関する政府間パネル（ＩＰＣＣ）」２０１９年8月では、①農林業の面積の拡大や生産性の強化が温室効果ガス排出量の増加、自然の生態系の喪失（森林、サバンナ、自然草原など）、生物多様性の減少をもたらしている。②農林業からの温室効果ガス排出量が、人為起源の総排出量の23％を占めたこと（２００７年～２０１６年）。③グローバル・フード・システムの総排出量は総排出量の21％～37％を占めると推定。これらの事実を挙げ、これまでのアグリビジネス主導の工業的農業のあり方が地球環境を破壊し、温暖化を加速させていることを示唆しています。

日本は、山脈からの豊富な水資源、四季に恵まれ植物の生息に適した国として、家族農業の盛んな国です。しかし、農業は政策的な支援が弱く衰退しています。国連も地産地消・地域分散型の家族農業の維持発展を推奨しています。

世界的な人口の爆発的増加と地球温暖化と環境破壊（草原の喪失など）で、遅くない時期に食料危機が訪れることは避けられません。国民の命と食を守るために、食料自給率１００％をめざし、そのための農業振興を行わない状態は転換すべきです。農業振興は、国の安全保障の一環です。どこの国も農業は収入が少なく支援が必要です。また、ヨーロッパでは農業の副業としての再生可能エネルギーの発電所づくりが進んでいます。そのことは、ＣＯ２削減による地球温暖化対策と新たな産業と雇用創出にも繋がります。国民の食と生活を守り、地球温暖化対策を進め、新たな産業と雇用の場づくりをめざすべきです。

⑤大阪府の自然エネルギー・再生可能エネルギーのポテンシャル

大阪府の自然エネルギー・再生可能エネルギーのポテンシャルは、環境省の「REPOS（リーポス：Renewable Energy Potential System）」による推計では、太陽光発電、風力発電、地熱発電の合計で20,152MWである。これに基づいて年間発電量を推算すると、36,924GWhとなる。これは、大阪府の年間電力使用量は53,940GWhの約68・5％に相当する。したがって、現状では再生可能エネルギー発電で電力需要を供給できないことになります。

しかし、今後、ＺＥＢ（ゼロエネルギービル）や「ＺＥＨ（ゼロエネルギーハウス）の普及をはじめとする省エネ推進政策を展開すれば、電力需要を大幅に（49～50％）削減できる。大阪府でも電力需要を現在の３分の２に削減するとともに、再生可能エネルギー普及に積極的に取り組むことで、再生可能エネルギー１００％、カーボンゼロの達成は可能である。各自治体が、再生可能エネルギーとZEB、ZEH、ＺＥＴ（ゼロエネルギータウン）の普及に向けた政策を強化しなければならない（和田、２０２２・12、大阪自然エネシンポ）。大都市大阪で再生可能エネルギー１００％は可能であり、各自治体と市民・事業所が本気で取り組むかどうかにかかっています。

⑥エネルギーを浪費しない地域づくり、まちづくりを

環境対策で、車のＥＶ化が必要ですが、もっと必要なのは自家用車を必要以上に使わない生活、省エネで暮らせる地域づくりです。

昔は、住んでいる人が中心で、その暮らしを支えるために、農業者、工業者・職人、商店・商業者が、「公益性」をもとに地域の需要に見合った商品とサービスを提供していました。エネルギーをあまり使用せずに生活できる地域が作られていました。車社会になる中で、大型店などの商業施設が中心になっています。競争激化の中で、商店街や地域の小売店が激減し、高齢者や障害者が買い物に行けなければ「買い物難民」や「買物選択肢減少による栄養失調」になるなど、住みにくいまちになっています。「歩いて買い物できる」「近くに病院や学校・保育所・幼稚園がある」「文化や自然に触れ合う場所がある」「公共交通機関を利用してどこへでもいける」などの地域づくりが必要です。

また、経済・商売の本来の目的と「地域の暮らしやサービスを支えて豊かに暮らせる地域社会づくりを担っている」中小事業者を増やすことで、エネルギーを浪費せず住みやすいまちが再生します。地球温暖化対策、環境保全と住みやすいまちづくり、新たな産業発展と雇用創出をめざせます。住みやすいまち・地域づくりと、それに見合った産業・お店の配置が必要です。

⑦ごみ問題などの環境問題を市民とともに考える時代……

ゴミの焼却炉は、日本全国で１２４３カ所あると言われています。日本よりも人口が多く国土が広いアメリカでは３５１カ所と言われています。日本がダントツの世界一です。（小林、２０２３・12）

外国は、リサイクルが徹底していて、作った人（企業）が回収し処理することが基本です。日本は、自治体や市民が行っています。そのため、日本では、企業は作るだけといった商品販売が拡大しています。たとえば、自動販売機ですが、作った企業が回収するなら、店鋪以外での販売は、赤字で成りたたない事業と思います。また、個店の自転車店や家電販売店は、販売と修理やリサイクルでモノを大切に使えるように商いをしていましたが、「売りっぱなし」の大手の量販店が地域に進出して、個店がつぶれていくことも多くあります。江戸時代は、世界一の環境都市と言われた日本ですが、儲かればいいとの利潤第一主義で地域が壊されています。こうした環境問題からも、市民が暮らしやすいまちづくり・地域づくりの検討が必要だと思います。

(2) 中小事業者(小企業・小規模事業者)の現状と役割

①フォーイズムの終焉―「脱工業化」から新自由主義へ

20世紀型の大量生産・大量消費のフォーイズムは、大量生産を支えるために労働者にも一定の所得を保障することで繁栄を作ってきましたが、1970年代に終焉し(日本は80年代後半)、それが出来なくなってきました。

その対策として2つの道が出てきます。ヨーロッパでは、大量の失業者の増加の中で「栄光の30年」「黄金の30年」は終わったと、脱工業化をめざし、すべての産業を視野に、雇用を重視した経済対策と自らを雇用する小企業・小規模事業者の育成や支援策などが雇用対策を中心に行われています。そのため、地球温暖化対策にも積極的で新たな産業と雇用創出につなげた取り組みが行われています。

アメリカやアングロサクソン系の国々と日本では、新自由主義経済で、利潤第一主義・効率優先とグローバル経済で、安い労働力を求めて大量生産方式を続けています。そのため、国内の産業は一層衰退しています。

②働く場と中小事業者と暮らしの現状

日本では、新自由主義経済政策の下で、「日本型経営」の縮小・廃止で、働く人の「終身雇用」「年功賃金」の縮小、中小事業者には、長期安定的な継続取引の廃止・縮小、流通部門では、規制緩和で競争一本やりになっています。大企業の生産拠点の海外移転、発展途上国で安くものをつくり日本に逆輸入するなど、非常に低い最低賃金を利用した、大型店や大手チェーン店の進出で、地域の商店街・商店は減少、建設分野も大手の中小企業分野への進出で、減少または下請化されています。

市民は、働いても安心して暮らせる収入が得られない、高齢者は歩いて買い物できる場所がない。自転車がパンクしたら直せない。電球が切れても取り替えてもらえない。災害で家がいたんでもなかなか直してもらえないなど、大変暮らしにくいまちになっています。

③暮らしをささえて商いする中小事業者と社会的事業所が経済社会の多数派に

昔は、商店街が元気で、地域の人びとの暮らしを支える商品やサービスの提供とコミュニティの場として、また、子どもや高齢者の見守りの場としても活躍していました。

中小事業者の商いは、「三方よし」(「売り手よし」「買い手よし」「世間よし」)と「公益性」を重視し、地域密着型経営で地域とともに商いを続け、地域で儲けさせてもらっていると、地域の町会や子ども会や老人会など地域貢献をしながら、商いを進めていました。

また、勤めている従業員には、経営ノウハウを教え、いずれは「のれん分け」して独立支援を行っていました。社会的事業所も「ケア」などの社会に必要な事業活動に取り組んできました。

しかし、新自由主義経済政策による非正規雇用と低単価、大企業と大手チェーン店優先の産業政策で、地域から事業所や商店が減少しています。

④もう一つの経済をめざして、

暮らしをささえて商いする中小事業者と社会的事業所が経済社会の多数派になることをめざすべき現状です。新自由主義経済が進めば進むほど、「企業の追求する私的利益と、市民社会の公的利益との乖離が大きくなればなるほど〝もう一つの経済〟の可能性に向けての多くの試みがなされるようになる」（内橋、1995）という現状にあります。また内橋は、「食料とエネルギーとケアは地産地消」を提起しています。

経済の本来の目的に立ち、「暮らしを豊かにすることが目的。古代中国の経済の語源「経世済民」は「経」（東経・西経の経糸）で世をまとめ、「済」（平等に均して）＝民を救済する意味と目的を明確し、「もう一つの経済」、連帯経済での地域経済振興を提起しています。

また、環境問題からも、市民が暮らしやすいまちづくり・地域づくりの検討が必要です。

こうした役割の担い手となる「公益性」を重視し、「売り手よし」「買い手よし」「世間よし」の「三方よし」の経済・経営理念で事業を行う中小事業者と社会的事業所の役割と活動を強めなければなりません。

第5章

地域の暮らしを守り発展させる「三方よし」の経済活動

大阪経済の地域循環型経済の再生の役割を担う
中小事業者、農業関連事業者、社会的事業所（事業体）

(1) 失われた30年論について

日本では、「失われた20年」「30年」と経済界や各分野から叫ばれています。

まずは、「昭和元禄」といわれるように、100年に1回の繁栄とその後のバブル経済の頂点を回復、そのために頑張れと一層の競争社会という議論が多いようです。元禄時代の後のバブル経済は13年、デフレ経済は35年続いたと言われています。こうした歴史の教訓も踏まえて対応すべきです。

その上で、新たな繁栄をめざして、技術・技能・ノウハウなどを習得した人材育成と、技術革新、本書で紹介した取材事例でもあるように社会の変化に対応したニーズにもとづく、ものとサービス提供などで、一歩ずつ積み上げていくべきです。

しかし、実態は、日本型経営の縮小で大企業の工場内には非正規雇用者が増え、その結果品質管理体制の崩壊、そして、「品質偽装」など、「ものづくり大国日本」のイメージを低下させています。下請け中小企業も単価削減で、設備投資や人材育成などの機能が低下しています。これでは「失われた時代」はさらに継続するのではないかと懸念するものです。

さらに、大企業の生産拠点の海外展開。逆輸入、規制緩和で中小企業分野への大企業や大手チェーン店の進出で、中小企業や小規模企業や小規模事業者は経営が厳しく、倒産・廃業が増えています。繁栄から不況になり国と富が減少している時に、非正規雇用の拡大、中小企業分野への進出、「官から民」への移行と、大企業のみが儲かる仕組みづくりでは、「富の偏在」「格差と貧困」が広がるばかりで、経済は回復するどころか発展できません。

(2) 大阪では、さらにひどい現状にあります

大阪では、インバウンド、イベント（万博）、そしてカジノの計画です。大阪の維新の経済政策を見ると童謡の「待ちぼうけ」よりひどいなあと思う日々です。「待ちぼうけ」は、せっせと働いていたのが、ウサギが木の根っこにつまずいて獲れたので、それからは真面目に働くのをやめた。それでは駄目だと言っていると思います。

維新の経済政策は、インバウンドと外国人観光客頼み、次は、イベント。万博は危険な所につくり土建屋だけが儲かるが、市民も行きたがらないと見るや子どもを遠足として動員、その次は、カジノ（博打）です。まさに童話よりもひどい。努力しないで、なりふり構わずの経済政策です。さらに、「官から民」へと公共の仕事を民間に、公共用地を売却して民間に渡す「タコの足政策」で市民の共有財産は減少するばかりです。

大阪経済をどう再生するかの展望や計画も不十分で、大企業・大型商業施設・大手チェーン店は繁栄するが府民は一層貧しくなる現状です。

(3) フランスの産業視察に同行して感じたこと

ヨーロッパ視察に行ったフランスでは、ものづくりの繁栄は、「栄光の30年」（1945～1975年）、

この後の10%を上回る失業率の中で、雇用を重視し国民の経済的豊かさをめざすために、中小企業や自営商工業者の育成をめざしています。さらに、連帯経済など、利潤ではなく社会的な役割を担う協同組合・共同体（アソシエーション）の重視と雇用拡大へと進んでいます。

アメリカでも「株主資本主義」から「ステークホルダー資本主義」への動きも始まっています。

(4) 事業所の役割にもとづく適正な配置を明確にし、中小事業者と農業者、社会的事業所の「公益性」を重視し「社会に役立つ事業活動」を進める

①事業所の役割にもとづく適正な配置を明確にして

社会に必要な事業は、「公共」「協同」「私企業」で構成されています。「公共」＝災害対応や伝染病など公共が担わなければならない分野、「協同」＝協同組合や社会福祉の団体・地域組織・NPOなど、利益ではなく社会的課題の解決にもとづいておこなう事業。「私企業」＝利益をめざしながら実現できる事業があります。なんでも民営化ではなく、コロナ対策でも、災害多発時代で公共の必要性が高まっています。もう一度、事業の役割にもとづく3つの事業を担う事業体の役割を明確にすることです。

②社会的課題に挑む社会的事業所を優遇する支援策を

経済のグローバル化、「格差と貧困」「富の偏在」の中で、ヨーロッパでは社会的事業所の役割が高まり、利益ではなく、社会的課題の解決に向けて取り組む事業所の役割の高まりと、この分野の雇用創出

を進めています。利潤第一主義の弊害を緩和するためにもこの分野の拡充は重要です。しかし、ヨーロッパと違って、日本では社会的事業所で働く人の保障や条件が遅れており、政策的な支援が必要です。

③中小事業者の「三方よし」経済・経営理念で「公益性」と社会に必要な役割を担う事業の育成を

日本には、「三方よし」の経営や「顧客満足度」「公益優先の経営」など、歴史的に、社会に役立つ、公益をめざす経営理念があり、本書で紹介した取材で明らかになったその経営理念を現在に継続して事業を営む中小事業者と社会的事業所の経営は、社会に矛盾と問題を広げた利潤第一主義に変わって、行き詰った環境・経済・社会をもう一つの経済として打開と再生に役立つものです。

中小事業者と社会的事業所は、グローバル企業や大企業による地域経済・社会の破壊による住みづらくなった社会・生活の不便性を解消し、「公益性」と、地域社会に必要な商品とサービス提供で地域を支えながら事業活動を進めており、その役割を強化することです。

④温暖化対策と環境改善での新たな産業づくりと雇用創出を

「食料」「エネルギー」「ケア」は地産地消を基本に、産業と雇用の創出をめざし、安心して働き・暮らせる環境・経済・社会の構築をめざすべきです。

「地産地消」＝食料とエネルギーの自給自足を基本にすれば、途上国の環境破壊も減少し、地球温暖化対策にも役立ちます。そして第6次生命の絶滅期に一定の歯止めがかけられれば感染症まん延も減少につながると思っています。

日本は、ものづくり大国から、産業のサービス産業化への変化、高度成長からほぼ成長のない時代へ変化しています。

第1章で紹介した事業所は、こうした時代の変化に対応して発展する方向の道しるべになると思います。

製造業は、倒産の危機に瀕しながら、下請け時代に培った技術・技能を活かして自社商品の開発、自然界の力を活用した商品づくりで下請けからの脱却、既存設備のメンテナンスサービスなどで活性化。

建設業では、上からの仕事待ちから、地域コミュニティで困っていることや生活の不便さを聞くことでコミュニティと仕事を両立させることが必要です。

卸・小売業では、お客さんの要望で経営のきびしい電気店から新鮮な野菜の提供に、地域資源（中小企業の集積、食品残さ解消など）コミュニティを活かした本物の良さの発信。

飲食サービスでは、大企業のまちから高齢者のまちへの変化に直面してコミュニティの場として、市民の交流の場、美味しい料理の提供。

サービス業（飲食以外）では、地域密着経営、地域資源（地下水）の活用、高齢化社会に対応して介護事業、建設業から自転車店へなど、地域の市民のくらしに役立つ商売。

農業関係では、若者が将来の食料危機に備えて参入するなど、暮らしを支える方向で事業活動を行っています。

同時に、こうした実践は、時代の変化の中での自治体の中小企業支援の方向性にも役立つと思います。

⑤大阪経済の再生は

公益性と社会に役立つ事業活動、大阪経済の地域循環型経済の再生は、働く人と働きながら事業を営む社会の大多数を豊かにすること。そして、中小事業者、農業関連事業者、社会的事業所（事業体）が、地域の暮らしを守り発展させる「公益性」を基本に社会に役立つことをめざす「三方よし」の経済活動が、壊された大阪の「経済」「環境」「社会」の再生の基本的役割を果たすと考えます。

⑥住み続けられる賑わいのある地域づくり

高度成長期は、製造業の集積を作ることで、働く人が増え、人口も増加し、それに合わせて商店街や小売市場などができ、まちの賑わいがつくり出されました。

しかし、高度成長が終わり、産業構造も製造業中心からサービス産業化といわれるように変化しています。働く場がなくなれば生産人口が減少し、高齢化と人口減少をまねいてきます。

これからは、地域の暮らしを支える働く場、歩いて買い物できコミュニティの場である商店街の再生、公園や歴史や地域文化による賑わい、公共交通機関で自由に移動できる地域作りなど、「歩いて楽しむまち」（広井、２０２４）、住み続けられる魅力ある地域づくりで、さらに、まちの魅力を高め、魅力あるまちに人が集まる。そうした地域づくりが求められています。

おわりに

筆者は、香川県丸亀市の左官業の家庭に1946年に生まれました。父は一人前の職人になるためには京都で修業をと小学校2年までの4年間は京都で過ごしました。小学校3年の時に長兄が、学校で1番の成績だったので、学校の先生が5回も来られ、「高校に行かしてやってください」と懇願されましたが、父は、「職人の息子は勉強よりも技術を磨くことが重要」と断りました。その次の兄も職人になりました。筆者は、兄の足元にも及ばない成績だったので、中学を卒業したら大阪で働こうと決めていました。

1961年4月、大阪の西淀川区にある紡績の機械の部品を作る会社に就職しました。就職して、社会の日常の出来事に疑問を感じていました。同じ寮の先輩と会社の上司から、「君は田舎へ帰って定時制高校で学んだ方がいい」と助言されました。その年の5月から昼間は父の左官の仕事をしながら、夜間定時制高校に通いました。3年生になった時、先生から「定時制高校で学んだものが定時制高校の先生なったら」と言われ、1965年4月東大阪市にある家電メーカーの厨房器をつくる会社に入り、夜は大阪商業大学へ通いました。会社の独身寮に入りましたが、当時は、田舎から来た若者を社会人に育てる気風があり、寮長夫婦は元中学校の校長先生でしたので、消灯は午後9時でしたが、君たちの部屋は午前3時にするので、勉強しなさいと言われ、人生で初めて猛勉強をしました。10年間勤めましたが、品質管理・受入検査・資材・営業などを担当しました。当時は、大企業・下請中小企業が一丸となって、当時世界最高の品質規格にもとづく大運動だったので、我々現場の者も「いずれは、日本の家電と自動車は世界を制覇する」と思ったし、そうなりました。会社では、21歳で労働組合の執行委員長になり、200名以上の組合員のために頑張らなければと定時制高校の先生の道は諦めました。

1975年に東大阪東部民商に入局し、7年後八尾民商に転局。当時は、中小事業者は、まじめに働けば食べていける時代から徐々に厳しくなる時代で、1982年から「なんでも相談会」を始め、1990年代には、産業の空洞化、規制緩和で中小事業者の厳しい現状の中、全商連の提起にもとづき、地域経済振興運動に取り組み、2001年に「八尾市中小企業地域経済振興基本条例」が市長提案を市議会全会一致で制定。地域経済振興策が一定前進しました。

2006年定年後、民商活動に協力していましたが、菰島氏（当時東大阪東部民商事務局、のちに布施民主商工会の事務局長）が、大阪市立大学大学院創造都市研究科に通学しており、植田浩史先生と一緒に本を書かれその出版記念に参加しました。終了後、参加していた藤川大商連副会長（現会長）や事務局長とともに交流会に参加しましたが、「定年後何をしているんや」と問われ「民商で方針には口をださず、実務を協力している」と答えると、「それは君には向いていない。ここへきて勉強し新しい運動するのが向いている」と言われ、2008年同大学院に入りました。

2006年の定年後の活動は、持続的な発展をめざす社会への変化の時代の中で中小事業者の役割と発展の研究をと、①「環境改善と経済の発展の両立」をめざす活動、②大学院で経済の研究と、取材・調査・研究活動、③経営コンサルタントとして中小企業・中小事業者支援をめざす活動、中小事業者が大きく減少する経済構造から、まじめに働けば経営が成り立つ経済システムとその中で、中小事業者の夢、「技術力をつけ匠に」「社会に役立ち尊敬されたい」「もっと儲けて経営を発展させたい」などに応える経営コンサルタントをめざそうと考えていました。

現在の経営学の主流はアメリカ型ですが、この経営学は経済と経営が別々ではどうかと考え、欧州は、雇用を第一義的に考えて小企業を重視。日本の経済・経営学も歴史的にみると、「顧客満足度の経営」（石田梅岩）。近江商人が他国に行商する経営方針「売り手よし、買い手よし、世間よし」三方よしの信用第一経営、「公や他者を優先することで豊かな社会を築く経営」（渋沢栄一）などから、中小企業・中小事業者にあった経済と経営のあり方の研究をと考え、多くの中小事業者の取材や調査を行いました。

『おおさかの住民と自治』誌の中で「地域と生きる事業所訪問」で中小企業の活躍を紹介したいとの企画がありました。それまで、八尾市で、関西で初めて「中小企業振興条例」制定に中小事業者・労働者・市民と共に運動した経験から「自治体学校」などで報告したり、文章作成したりしていた経緯もあり、取材者になりました。取材は、方向性に迷ったとき、困った時は、中小事業者の現場へ行って話を聞く、景気の良い時は、少なくてもいいが、不況の時は多くの方から話を聞くようにしてきました。改善のヒントは現場にあると思ってきましたので大変ありがたかったです。また取材は、筆者と労働者の視点もと共同でも取材し、大変視野が広がりました。また、中小事業者の取材でしたが、農業にも広げ、社会的事業所も行ってきました。この取材と『おおさかの住民と自治』、誌での経済問題や環境問題の特集でさらに視野が広がったと思っています。

取材に応じて頂いた中小事業者・農業関係者・社会的事業所の方々と、取材を一緒にしていただいた自治体問題研究所の編集委員の方に感謝申し上げます。

参考文献

池上惇著『文化と固有価値のまちづくり―人間復興と地域再生のために』2012、水曜社
池田潔著『地域社会と共生する中小企業』2022、ミネルヴァ書房
李東勲著『経営目的からみる小零細小売業の課題』2007、専修大学出版局
井上理津子著『絶滅危惧個人商店』2020、筑摩書房
井上秀次郎・安達房子編『企業と社会が見える経営学概論』2019、大月書店
ウィリアム・A・コーエン著、井口耕二訳『ドラッカー全教え―自分の頭で考える技術』2018、大和書房
植田浩史著『自治体の地域産業政策と中小企業振興基本条例』2007、自治体研究社
上村正弘著『近江日野商人の経営史―近江から関東へ』2014、清文堂
内橋克人著『共生の大地』1995、岩波新書
おおさかの住民と自治『特集：自治体の産業政策を考える』2008、(社)大阪自治体問題研究所
おおさかの住民と自治『特集：中小企業が支える地域経済』2012・11、(一社)大阪自治体問題研究所
おおさかの住民と自治『特集：安心して暮らせる雇用を支える』2014・11、(一社)大阪自治体問題研究所
おおさかの住民と自治『特集：大阪の地域経済を考える―もう一つの経済は可能か?』2016・11、(一社)大阪自治体問題研究所
おおさかの住民と自治『特集：最低賃金引き上げと中小企業・小規模事業者の支援で地域経済の活性化を』2018・1、(一社)大阪自治体問題研究所
おおさかの住民と自治『特集：再考・小商いの意義と可能性』2020・1、(一社)大阪自治体問題研究所
おおさかの住民と自治『特集：自然と共生する地域社会・経済を支える』2020・5、(一社)大阪自治体問題研究所
おおさかの住民と自治『特集：SDGsの土台―環境危機対策と自治体の役割』2022・1、(一社)大阪自治体問題研究所
おおさかの住民と自治『特集：大阪経済の新たな方向を探る』2023・1(一社)大阪自治体問題研究所
大阪自治体問題研究所著『今こそ地方自治を住民の手に』2024、自治体研究社

大西広著『「人口ゼロ」の資本論』２０２３、講談社＋＆新書
岡田知弘著『地域づくりの経済学入門―地域内再投資力論』２０２０、自治体研究社
岡田知弘・高野裕次・渡辺純夫・西尾栄一・川西洋史著『中小企業振興条例で地域をつくる』２０１０、自治体研究社
小倉栄一郎著『近江商人の理念　増補版―近江商人家訓撰集』２０２０、サンライズ出版
小田切徳美編『新しい地域をつくる―持続的農村発展論』２０２２、岩波書店
環境省編『地域循環共生圏の創出による持続可能な地域づくり』２０１８、環境省
木津川計著『都市格と文化―大阪から全国へ』２００８、自治体研究社
桐山孝信・本多滝夫・奥野恒夫・的場かおり編『民主主義の深化と真価―思想・実践・法』２０２４、文理閣
斎藤幸平『人新生の「資本論」』２０２０、集英社新書
支え合う社会研究会編『資本主義を改革する経済政策』２０２１、かもがわ出版
佐々木圭吾著『みんなの経営学　使える実戦教養講座』２０１６、日本経済新聞出版
佐々木雅幸『創造都市の挑戦』２００６、岩波書店
佐々木保幸・番場博之編著『地域再生の流通・まちづくり』２０１３、白桃書房
佐牟田光著『サステナビリティと地域経済学』２０１２、地域経済研究
沢井実著『現代大阪経済史』２０１９、有斐閣
重本直利編著『社会経営学研究　経済競争的経営から社会共生的経営へ』２０１１、晃洋書房
渋沢栄一著、道添進編訳『論語と算盤―モラルと起業家精神』２０１７、日本能率協会マネージメントセンター
妹尾祐彦・田中綾一・田島陽一ほか編著『地球経済入門―人新世時代の世界をとらえる』２０２１、法律文化社
島原俊英著『地域循環型経営』２０２２、幻冬舎
末永國紀著『ＣＳＲの源流「三方よし研究」改訂版　近江商人学入門』２０１７、サンライズ出版
妹尾祐彦・田中綾一・田島陽一編『地球経済入門』２０２１、法律文化社
全国商工団体連合会著『日本版・小企業憲章（案）』２０１１、全国商工団体連合会
橘木俊詔著『「幸せ」の経済学』２０１３、岩波現代全書
大門実紀史著『やさしく強い経済学―逆転の成長戦略』２０２２、新日本出版社

立見淳哉・藤川健・宮川晃編「地域中小企業の環境適応能力と産業集積」『季刊経済研究』２０１２、大阪市立大学経済研究会
立見淳哉・長尾謙吉・三浦純一編『社会連帯経済と都市―フランス・リールの挑戦』２０２１、ナカニシヤ出版
中小企業庁『２０１４年中小企業白書・小規模事業者への応援歌』２０１４、中小企業庁
中小企業庁『２０２１年中小企業白書・小規模企業白書』２０２１、中小企業庁
東郷久著『地域づくりと地域的循環―大阪・八尾からの発信』２０１４、クリエイツかもがわ
十名直喜著『企業不祥事と日本的経営』２０１９、晃洋書房
十名直喜著『サステナビリティの経営哲学―渋沢栄一に学ぶ』２０２２、社会評論社
仲修平著『岐路に立つ自営業―専門職の拡大と行方』２０１３、勁草書房
中塚華奈・榊田みどり・橋本卓爾編著『都市農業新時代』２０２３、実生社
中村良平著『まちづくり構造改革―地域経済をデザインする』２０１４、日本加除出版
中山徹著『人口減少時代の自治体政策―市民共同自治体への展望』２０１８、自治体研究社
日本環境学会幹事会編『産官学民コラボレーションによる環境創出』２０２２、本の泉社
農民運動全国連合会編『国連家族農業10年―コロナで深まる食と農の危機を乗り越える』２０２０、かもがわ出版
廣池千九郎著・廣池幹堂編『「三方よし」の経営学』２０１７、ＰＨＰ研究所
広井良典編『商店街の復権―歩いて楽しめるコミュニティ空間』２０２４、ちくま新書
平川克実著『小商いのすすめ―「経済成長」から「縮小均衡」の時代へ』２０１２、ミシマ社
福田邦夫著『貿易の世界史―大航海時代から「一帯一路」まで』２０２０、ちくま新書
真嶋麻子・上園昌武編『ＳＤＧｓが問うもの―変革の課題を考える』２０２１･7、『月刊経済』、新日本出版社
三方良著『なりわい繁盛帖―成功する「小」の経営法』２００９、新日本出版社
満田良順著『近江商人４００年の奔流―近江日野商人の歴史と商法』２０２１、サンライズ出版
三戸岡道夫著『二宮金次郎の一生』２００２、栄光出版社
宮川晃著『中小事業者の役割と「三方よし」の経営―「大阪商工新聞」の取材をもとに考える、中小事業者の道しるべ』２０２２、ウインかもがわ

宮川晃著『「三方よし」の商売展開を―商工新聞の取材で見えた中小企業者の役割と可能性』２０２０・５、全国商工団体連合会
宮川晃著「地域社会とくらし・雇用を担う小規模事業者の持続的発展を―人を大切にする経営で小規模事業者の経営の維持・発展を―」第49回経営士全国研究論文集、２０１５、一般社団法人日本経営士会
宮川晃著『中小企業都市・八尾の持続的な地域経済振興』２００９、大阪市立大学大学院創造都市研究科都市政策専攻都市経済政策研究分野　都市経済政策
宮川晃著「広がる地域経済振興条例づくり実現した八尾市―制定を不況打開・地域経済振興の力に」『月刊民商』6月、２００１、全国商工団体連合会
宮本憲一監修、遠藤宏一・除本理史・岡田知弘著『環境再生のまちづくり―四日市から考える政策提言』２００８、ミネルヴァ書房
森田健司著『なぜ名経営者は石田梅岩に学ぶのか？』２０１９、ディスカヴァー携書
守屋淳編『渋沢栄一「論語と算盤」と現代の経営』２０１３、日本経済新聞出版
八尾地域研究会編『八尾の地域づくり―住民・市民主体の地域再生をめざして』２００７、シイーム
山木育著『日本経営の原点石田梅岩―デフレ時代を生き抜く知恵』１９９５、東洋経済新報社
「よくわかる現代経営」編集委員会編『よくわかる現代経営　第5版』２０１７、ミネルヴァ書房
柚木澄著「アメリカ的経営の導入と日本的経営」２０２０、『経済』、新日本出版社
ロナルド・ドーア著・藤井真人訳『日本資本主義と市場主義の衝突　日・独対アングロサクソン』２００１、東洋経済新報社
和田亮介著『扇子商法―ある船場商人の遺言』１９９３、創元社

参考資料

浅岡美恵（気候ネットワーク理事長・弁護士）講演『脱化石燃料に向かう時代をどう生きるか～子どもの未来のために』２０２４・3なくせ原発！再稼働はんたい！大阪集会
小林祐五講演『ごみはどうなるの？』２０２３・12　元 特定非営利活動法人グランドワーク

和田武（和歌山大学客員教授）『日本と世界の自然エネ（×再エネ）をめぐる最新情勢と今後の課題』
２０２４・７、自然エネルギー連続講座　原発をなくし、自然エネルギーを推進する大阪連絡会

連　載

全国商工新聞「磨け経営力―明日をひらくこの一手」（２０１７年３月～２０２１年３月）
大阪商工新聞「経営士がゆく」（２０１３年６月～現在）
おおさかの住民と自治誌「地域と生きる事業所訪問」（２０１２年８月～現在）

著者　宮川　晃（みやがわ・あきら）プロフィール

1946 年　香川県生まれ
1961 年　浪速工機 4 月入社　　5 月退社
1961 年　香川県立丸亀高校定時制入学　5 月　1965 年卒業
1965 年　大阪商業大学Ⅱ部入学　　　　1969 年卒業
1965 年　朝日金属工業株式会社入社　　1975 年退社
1975 年　東大阪東部民主商工会入局
1982 年　八尾民主商工会転局
2000 年　八尾民主商工会事務局長　　　2006 年定年退職
2007 年　特定非営利活動法人自然環境会議八尾を結成し副理事長
2008 年　大阪市立大学大学院創造都市研究科都市経済分野入学
2008 年　一般社団法人日本経営士会入会
2008 年　経営コンサルタント事務所開設
2010 年　大阪市立大学大学院創造都市研究科修士課程修了
2010 年　日本地域経済学会入会
2010 年　工業集積研究会加入
2017 年　小規模事業者のための「事業承継支援研究会」設立時に支援者に
2023 年　国際文化政策研究教育学会入会

［連　載］
『中小事業者の役割と「三方よし」の経営―「大阪商工新聞」の取材をもとに考える、中小事業者の道しるべ』２０２２、ウインかもがわ
全国商工新聞 「磨け経営力明日をひらくこの一手」(2017 年 3 月～ 2021 年 3 月)
大阪商工新聞 「経営士がゆく」(2013 年 6 月～現在)
おおさかの住民と自治誌 「地域と生きる事業所訪問」(2012 年 8 月～現在)
［著　書］
「「三方よし」の商売展開を―商工新聞の取材で見えた中小企業者の役割と可能性」2020. 5、全国商工団体連合会
「地域社会とくらし・雇用を担う小規模事業者の持続的発展を―人を大切にする経営で小規模事業者の経営の維持・発展を―」2015、第 49 回経営士全国研究会議
「中小企業都市・八尾の持続的な地域経済振興」2009、大阪市立大学大学院創造都市研究科都市政策専攻都市経済政策研究分野　都市経済政策
「広がる地域経済振興条例づくり 実現した八尾市 制定を不況打開・地域経済振興の力に」『月刊民商』2001. 6、全国商工団体連合会

大阪の経済・暮らしの再生と中小事業者の役割

2024年10月15日　初版　第1刷発行

著　者　宮川　　晃

発行者　竹村　正治
発行所　株式会社ウインかもがわ
〒602-8119　京都市上京区出水通堀川西入亀屋町321
☎075（432）3455　FAX075（432）2869
発売元　株式会社かもがわ出版
〒602-8119　京都市上京区出水通堀川西入亀屋町321
☎075（432）2868　FAX075（432）2869
振替 010010-5-12436

印　刷　株式会社新日本プロセス

ISBN978-4-909880-53-6　C0034